고양이 레이의 선물

고양이 레이의 선물

초판 1쇄 발행 2024. 12. 16.

지은이 김대중
그 림 민지
펴낸이 김병호
펴낸곳 주식회사 바른북스

편집진행 김재영
디자인 양헌경

등록 2019년 4월 3일 제2019-000040호
주소 서울시 성동구 연무장5길 9-16, 301호 (성수동2가, 블루스톤타워)
대표전화 070-7857-9719 | **경영지원** 02-3409-9719 | **팩스** 070-7610-9820

•바른북스는 여러분의 다양한 아이디어와 원고 투고를 설레는 마음으로 기다리고 있습니다.
이메일 barunbooks21@naver.com | **원고투고** barunbooks21@naver.com
홈페이지 www.barunbooks.com | **공식 블로그** blog.naver.com/barunbooks7
공식 포스트 post.naver.com/barunbooks7 | **페이스북** facebook.com/barunbooks7

ⓒ 김대중, 2024
ISBN 979-11-7263-197-0 03810

•파본이나 잘못된 책은 구입하신 곳에서 교환해드립니다.
•이 책은 저작권법에 따라 보호를 받는 저작물이므로 무단전재 및 복제를 금지하며,
 이 책 내용의 전부 및 일부를 이용하려면 반드시 저작권자와 도서출판 바른북스의 서면동의를 받아야 합니다.

고양이 레이의 선물

김대중 글 | 민지 그림

이 세상에 존재하는 모든 생명체는
저마다의 고유한 이야기를 가지고 있으며…
우리는 그들과 함께 더 나은 세상을
만들어 갈 수 있을 것이다.

바른북스

추천의 글

"고양이는 세상의 모든 것이 인간을 섬겨야 한다는 정설을 깨뜨리러 세상에 왔다."

나는 고양이에 대한 세상의 모든 명언 중 록밴드 슬립낫의 베이시스트 폴 그레이가 남긴 이 말을 가장 좋아한다. 고양이와 단 하루라도 함께 지내본 인간이라면 알 것이다. 세상의 중심은 사람이 아님을. 고양이라 불리는 이 생명체의 개성과 현명함, 아름다움은, 너무도 빈번하게 인간의 삶에 거대한 파장을 불러일으킨다는 점을. 유감스럽게도 깨달음은 언제나 늦게 당도한다.

이 책의 저자는 가족의 일원이었던 사랑하는 고양이의 죽음을 마주한 뒤 비로소 존재로서의 고양이를 반추한다. 갖가지 사연으로 가족 구성원에 합류하게 된 네 마리의 고양이들은 인생의 희로애락을 함께하며 저마다의 방식으로 삶의 풍경 속에 스며든다. 눈길을 끄는 것은 저자의 솔직함이다.

　인간이 아닌 존재와 예고 없이 반려의 삶을 시작하게 된 자의 두려움과 당황스러움, 인간과 태생적으로 다른 라이프사이클을 가지고 있기에 더 이른 소멸을 지켜보는 과정에서 느끼게 되는 날것 그대로의 감정을 가감 없이 기록한 이 책은, 그 모든 다름을 넘어서 그럼에도 불구하고 존재로서의 고양이를 사랑할 수밖에 없는 이유, 고양이가 인간의 삶에 가장 소중한 선물이 될 수밖에 없는 이유를 고백한다. 고양이와 함께하는 삶이란 어떤 것인지 알고자 하는 모든 이들에게 일독을 권한다.

- 장영엽, 〈씨네21〉 대표이사

목차

추천의 글

벤자민 · 012

보리 · 028

대중의 사정 · 064

첫 만남 · 076

돈나 · 090

포레, 그리고 레이 · 108

불현듯 이별 · 132

기억은 현재진행형 · 156

레이의 선물 · 172

"사랑하는 레이, 보리와 돈나 그리고 포레와 함께 살면서, 그들의 세계가 얼마나 독특한지를 생각할 때면 그저 감탄하게 된다. 그들은 각자의 방식으로 세상을 살아가고, 그들만의 이야기를 만들어 내고 있다.

그들의 존재는 내 삶 속에 단순한 동반자가 아닌, 그들만의 세계를 창조하며 살아가는 독립적인 생명체로서 자리 잡고 있다. 우리 가족은 그들과 함께하면서 더 깊은 행복을 느끼며, 그들이 보여준 예술적인 삶의 방식을 이해하고 교감하면서 살아가고 있다."

고양이 보리, 레이, 포레, 돈나

벤자민

벤자민

지난 4월, 나는 태어나서 처음으로 뉴질랜드에 가게 되었다. 20여 년 전 선배님이 뉴질랜드로 이민 갔는데, 오랜 세월이 흐르는 동안 선배님과는 간간이 연락을 주고받았다. 그때마다 "한번 꼭 찾아뵐게요."라는 인사로 대화를 마치곤 했지만, 현실은 그렇게 녹록지 않았다. 직장을 다니고 있었고 가장으로서 자식들을 뒷바라지해야 하는 상황에서 장기간 휴가를 내기에는 마음의 여유가 없었다. 선배님을 보러 가겠다는 말은 한낱 인사치레처럼 느껴지기도 했다.

사실, 가장 큰 이유는 내 건강 때문이었다. 몸이 좋지 않아 비행기에 오르는 것 자체가 커다란 부담이었다. 짧은 여행도 힘들었으니, 하루의 반나절 이상의 긴 시간을 답답한 기내에서 머물러야 한다는 것이, 그 어떤 것보다도 두렵고 힘들게 느껴졌다.

친구와 지인들은 "그저 자리에 앉아 영화를 보거나, 잠을 자면 되지 않느냐."고 가볍게 이야기했지만, 그 말들은 비행기에 탑승하면서 느끼는 평온함을 내가 결코 누리지 못한다는 것을 확인시켜 줄 뿐이었다. 나는 비행기에서 잠을 자본 적이 거의 없다. 기내에서의 미묘한 진동과 소음으로 인한 초조함, 그리고 몸의 이상으로 인해 계속해서 몰아치는 불안감이 나를 짓누르기 때문이다. 그런 상황에서 비행기 안에서 편안한 마음으로 쉬거나 잠을 잔다는 것은 나에겐 그저 꿈같은 이야기일 뿐이었다.

퇴직 후, 출근의 부담감에서 벗어나면서 비로소 아침이 다르게 느껴지기 시작했다. 한때는 알람과 시계 초침에 맞춰 움직여야 했던 아침이 한결 느긋해졌다. 더 이상 늦지 않기 위해 서두를 필요도, 이른 출근길에 마음을 졸일 이유도 없어졌다. 커피 한 잔을 내리는 시간도 달라졌다. 매일 아침 서둘러 한 잔을 마시고 나가는 대신, 천천히 커피를 내리며 그 향을 맡았다. 조용한 집 안에 퍼지는 그윽한 커피 향은 묘한 안정감을 주었다. 커피 한 모금을 마시며, 창밖을 바라보면서 맞이하는 아침은 내가 진정으로 쉬고 있음을 일깨워 주었다.

아침의 여유가 생기고 한적한 시간을 보내면서 몸도 마음도 조금씩 회복할 수 있었다. 긴장은 줄어들었고 통증도 많이 완화되었으며, 매일 꾸준히 걸어 나가며 산책할 여유가 생기니 몸의 활력도 조금씩 되찾았다.

몸과 마음의 편안함은 그동안 해보지 않았던 무언가를 하고 싶다는 의욕이 생기게 하였다. 그러다가 시간적 여유가 있으니 선배님을 만나러 가는 것도 좋을 것 같다는 생각이 문득 들었다. 어쩌면 그동안 미루어 두었던, 선배님을 만나러 가겠다는 약속을 이제는 지킬 때가 된 것 같았다. 그렇게 생각하던 중에 선배님과 연락이 되었다.

선배님은 반가운 목소리와 함께 뉴질랜드는 우리나라와 정반대의 계절이기에 가을이 다가온다고 하면서, 빨리 와서 붉고 노랗게 물든 단풍과 아름다운 가을 정취를 같이 볼 수 있으면, 너무나 좋을 것 같다고 이야기했다. 선배님의 이 말은 불안감 속에서도 내게 기대감을 심어주었고, 그동안 사진이나 영상으로만 보았던 자연이 아름다운 나라에서 선배님과 만날 상상을 하니, 조금씩 두려움이 사라지고 자신감이 생겼다. 그렇게 해서 지구의 남쪽에 있는 뉴질랜드로 출발하게 되었다.

뉴질랜드로 향하는 긴 비행시간 동안 나는 잠을 이루지 못해 몸은 극도로 지쳐 있었고, 비행기 안에서 내내 좁은 좌석에 몸을 구겨 넣은 채로 힘들게 시간을 보냈다. 수십 번 자리에서 일어나 통로를 서성이며 답답함을 달래보기도 하고, 창밖을 내다보며 끝없는 하늘을 바라봤지만, 그 속에는 지루함만이 있을 뿐 평온함은 찾을 수 없었다.

내 머릿속은 온통 하나의 생각뿐이었다. 빨리 시간이 지나서 도착했으면, 이 끝없는 비행이 마치기를, 그리고 다시 땅에 발을 디디기를 간절히 바랐다. 비행기의 속도는 느리게만 느껴졌고, 나는 오로지 이 긴 여정이 끝나기만을 고대하며 시간을 흘려보냈다.

마침내 시간이 흘러 공항에 도착했다. 그리고 발을 딛는 그 순간, 뉴질랜드의 맑고 신선한 바람이 나를 맞이했다. 얼굴을 스치는 그 바람은 마치 처음 느껴보는 듯한 상쾌함을 주었고, 시원한 공기 속에 담겨 있는 자연의 냄새가 가슴 깊숙이 스며들었다. 장시간 비행으로 인해 내 안에 쌓여 있던 피로와 긴장이 한순간에 녹아내렸다. 몸은 여전히 무겁고 지쳐 있었지만, 그 맑은 공기와 상쾌한 바람에 비로소 마음이 안정되고 활짝 열렸다.

짐을 챙기고 입국장을 나서자, 선배님이 활짝 웃으며 나를 반겨주었다. 그 미소에는 따스함과 함께 반가움이 묻어 있었다. 선배님의 따뜻한 인사를 받으며 우리는 차로 향했다. 창밖으로 보이는 풍경은 선배님이 말한 것처럼, 뉴질랜드는 우리나라와 정반대의 계절을 맞이하고 있었고, 이미 가을의 정취가 물씬 느껴졌다. 한적한 도로 양옆으로 노란빛과 주황빛이 물들어 가는 나무들, 멀리 보이는 낮게 깔린 구름과 새파란 하늘까지… 너무나 아름답고 평화로운 분위기를 자랑하고 있었다.

선배님 댁에 도착하여 짐을 풀자마자, 선배님은 오클랜드 도시를 구경시켜 주겠다고 하였다. 그래서 첫 번째로 찾아간 곳인데, 지역 이름은 데번포트(Devonport)라고 했다. 오클랜드 시내에서 북쪽으로 항구를 건너면 갈 수 있는 마을이었다. 데번포트에는 해발 87m의 마운트 빅토리아(Mount Victoria)라는 산이 있는데, 정상에서 오클랜드 스카이 타워가 우뚝 솟아 있는 도시 전경을 감상할 수 있어서 오클랜드 시민과 관광객이 많이 찾아온다고 한다.

바다가 있고 해변에는 유럽풍의 작은 상가들이 줄지어 있으며, 전통적인 빅토리아풍 목조주택들이 많이 남아 있는 한적하고 조용한 동네였다. 배들이 떠 있는 바다와 아름드리나무들의 모습은 평온한 분위기를 더해주었고, 바다와 나무가 서로 함께 있는 풍경에서 자연의 운치와 아름다움을 느낄 수 있었다.

작은 상가들이 있는 2차선 도로 건너에는 공원이 있었다. 공원 안에는 커다란 유리창과 목재를 많이 사용하여 한눈에도 멋지게 보이는 2층으로 된 현대식 건물이 있었다. 내가 보기에는 카페 같은 느낌이었는데 오클랜드 시립 데번포트 도서관(Devonport Library)이라고 했다. 내부로 들어가니 공간이 꽤 넓었다. 큰 책장들이 중앙에 배치되어 있으며, 창가 자리에서는 거리 풍경이나 바다와 공원을 감상할 수 있었다. 1층과 2층에는 다양한 서적들이 많이 있었으며, 평일 오후 시간인데도 불구하고 책을 보고 있는 사람들이 많았다. 도서관 여기저기를 둘러보니, 사람들이 앉아서 독서와 학습을 할 수 있는 테이블과 의자들이 곳곳에 마련되어 있고, 지역 주민들이 함께 모여 대화를 나누거나 이벤트를 개최할 수 있는 커뮤니티

룸과 회의실이 있었다. 그리고 다채로운 색상으로 꾸며져 있는 어린이들을 위한 별도의 공간 등 여러 시설을 갖추어 놓아, 지역 주민들이 자유롭게 찾아와 편안하게 이용할 수 있도록 배려했다는 것을 알 수 있었다.

　책들을 구경하고 도서관을 이용하는 방법에 대해 설명을 듣고 나서, 기념으로 사진을 찍으려고 밖으로 나왔다. 도서관 주 출입구에서 밖을 바라보니 바로 앞쪽에 동상이 눈에 띄었다. 내가 도서관을 다른 문으로 들어왔기에 보지 못했던 것이었다. 호기심에 이끌려 천천히 그 동상 쪽으로 다가갔다. 가까이 가서 보니 그것은 고양이의 동상이었다. 짙은 청동빛이 감도는 고양이는 앉은 자세로 마치 수호신처럼 도서관을 지키고 있는 것 같았다. 몸의 곡선은 자연스럽고 부드러워서, 마치 실제 고양이가 당장 몸을 일으켜 움직일 것만 같았다. 멀리서 보면 그저 묵직한 조형물처럼 보였지만, 가까이서 보니 고양이가 나를 바라보며 해맑게 미소를 짓고 있었다. 나는 그 자리에 잠시 멈춰 섰다.

오클랜드 데번포트 도서관(Devonport Library) 앞에 있는 벤자민(Benjamin) 고양이 동상

왜 도서관 앞에 고양이 동상이 서 있을까? 도서관이라는 장소와 고양이라는 동물 사이에 어떤 연관이 있는 걸까? 너무나 궁금했다. 생각해 보면 고양이와 도서관

은 둘 다 조용함을 사랑하는 존재들이다. 도서관은 언제나 고요함이 머무는 공간이고, 고양이 또한 조용한 순간을 즐기며 자신만의 세계에 빠져드는 동물이다. 동상을 바라보며 나는 고양이의 눈길과 미소를 따라 다양한 생각을 했다. 그러면서 동상 아래에 있는 글귀를 읽어보았다. 도서관에서 주민들과 함께 지냈던, 벤자민(2000년~2017년)이라는 이름을 가진 도서관 고양이(Benjamin the Library Cat)라는 문구와 설명이 새겨져 있었다.

나는 벤자민이라는 이름을 되뇌며, 이 고양이가 어떤 삶을 살았을지 상상해 보았다. 지역 주민들과 함께한 벤자민이라니, 아마 이곳 도서관과 주변을 돌아다니며, 사람들에게 사랑받았던 고양이였을 것이다. 도서관에 오는 사람들은 이 고양이를 쓰다듬으며, 자연스럽게 미소를 짓고 반갑게 인사를 나누었을 것이다. 그 덕분에 사람들은 그곳에서 조금 더 따스함과 정겨움을 느꼈을 것이라는 생각이 스쳐 지나갔다.

선배님은 나에게 다가와 이야기해 주었다. 벤자민은 도서관에서 살면서 도서관에 방문하는 사람들에게 커다란 사랑을 받았다고 한다. 그는 도서관 직원들의 보호 아래 자유롭게 도서관을 돌아다니며, 사람들에게 친근하게 다가가며 교류했고, 많은 사람이 그의 존재로부터 위로와 즐거움을 얻었다고 한다. 그는 매우 온순하고 사람들에게 다가가기를 좋아하는 성격이었으며, 특히 어린이들에게 많은 사랑을 받았다고 한다. 그의 친근함은 도서관을 더 따뜻한 공간으로 만드는 데 커다란 역할을 했다고 한다. 그래서 벤자민은 도서관의 상징적인 존재가 되었고, 단순히 도서관 고양이를 넘어, 지역 사회에서 사랑받는 아이콘으로 자리 잡았다고 한다.

벤자민의 이야기는 도서관을 자주 찾는 사람들뿐만 아니라 지역 주민들에게 알려지게 되었고, 시간이 지나면서 그를 추모하고 기억하기 위해 동상이 세워지게 되었다고 한다. 동상은 그가 오랫동안 머물렀던 도서관 앞에 설치되어, 도서관을 방문하는 사람들에게 따뜻한 미소를 전하는 역할을 하고 있다고 한다.

　지역 주민들과 방문자들이 고양이를 사랑하고 좋아했던 것이 분명했다. 도서관을 사랑했던 고양이 벤자민을 기억하고 추억을 간직하고자 동상을 만들었다는 사실만으로도 그들은 매우 특별한 관계였음을 알 수 있었다.

　내가 찾아간 날 오후에 비가 내려서 그런지, 누군가가 우산은 아니지만, 파란색 물안경을 씌운 모습을 볼 수 있었다. 진정으로 가족과 같은 생각으로 함께 생활했으며, 지금도 서로 교감하고 있음을 확인할 수 있었다.
　이런 모습을 보고 나서 동물들은 인간에게 아무런 대가를 바라지 않고, 단순히 사랑과 애정으로 다가가기에 나를 포함하여 많은 사람은 동물들과 함께 나눈 삶의 추억을 잊지 못한다는 사실을 다시 한번 느끼게 되었다.

　벤자민이라는 고양이가 주민들과 함께 정겹게 생활하는 모습을 직접 볼 수는 없었지만, 그의 동상을 보는 것만으로도 따뜻한 마음을 주고받는 모습이 떠올랐다. 이와 함께 지난 3월, 우리 가족에게 따스한 사랑을 전해주고 하늘나라로 떠난 사랑했던 고양이가 다시 내 앞에 나타난 것 같은 느낌을 받았다. 그리고 그와 함께한 모든 기억이 생생하게 되살아났다.

벤자민이라는 고양이가 그 자리에서 변함없이 사람들을 바라보듯, 내 곁을 떠난 고양이도 언제나 나와 함께하는 것만 같았다. 그러면서 벤자민이라는 고양이와 같이 기억 속에서 그와의 시간을 되새기며, 내 마음을 영원히 담을 수 있는 이야기를 하고 싶었다. 그리고 글을 통해 좋아했던 그 고양이와의 추억을 기록함으로써, 나는 그와 언제나 함께할 수 있을 것 같았다.

보리

보리

　10여 년 동안 가족과 함께하며 사랑했던 한 고양이의 죽음을 맞이한 후, 나는 동물이란 어떤 존재이며 그들의 삶의 본질과 의미에 대해 깊이 생각하게 되었다.

　그동안 나는 동물을 인간보다 열등한 생명체로 생각했고, 그들의 존재와 습성을 무시한 채 어떻게 하면 인간에게 복종하며 따르게 할 수 있을지에만 관심이 있었다. 즉, 동물을 단순히 인간의 필요에 따라 존재하고, 욕구를 채워주는 생명체로만 여겼으며, 그들을 보살펴야 할 수동적인 대상으로만 생각해 왔다. 그러나 한 고양이와의 이별은 나로 하여금 내 삶을 다시금 진지하게 성찰하게 만들었고, 동물을 진정한 생명의 주체로 인식하는 계기가 될 것이라고는 전혀 예상하지 못했다.

작별한 고양이와 며칠 동안 함께하며, 그가 힘겹게 내쉬는 자그마한 숨소리를 듣고 움직임 하나하나를 바라보면서, 마지막 순간을 지켜보았던 나는 슬픔과 충격을 말로 다 표현할 수 없었다. 그 역시 고통을 느끼면서도 생명을 놓지 않으려는 본능이 있었으며, 자기가 처한 상황을 인지하고 있었다. 그리고 그 이후에 어떻게 행동해야 할지 마음을 다잡고 준비하고 있음을 알 수 있었다.

죽음이라는 문턱 앞에 선 그는, 혼자의 힘만으로는 움식이기소차 어려운 절망스러운 상황에서도, 생리적 현상을 다른 생명체에게 보여주기 싫어하는 행동을 했다. 본능에 따라 생명의 흔적을 다른 존재에게 드러내길 꺼리는 듯, 조용히 자신만의 싸움을 이어갔다. 끝내는 돌아갈 길이 멀어졌음을 알았는지, 사람이나 다른 동물의 시선에서 벗어나려고 했다.

그렇게 아픈 몸을 힘겹게 이끌며 마지막까지 움직이려는 모습을 애처로운 심정으로 지켜본 나는, 그의 모든 행동 하나하나가 놀라움과 경이로움으로 다가왔으며, 경외심마저 느끼게 했다. 지금까지 내가 알고 있던 동물에 대한 인식과 생각을 새롭게 해야 한다는 것을 깨닫는 순간이었다.

수년간 여러 고양이와 함께 지내면서도 나는 그들의 존재를 깊이 인식하지 못했다. 그러나 한순간에 다가온 이별의 경험을 통해, 고양이는 단순한 반려동물이 아니라 독립적인 삶을 살아가는 주체임을 깨달았다. 고양이는 인간이 제공하는 보호와 돌봄을 받으며 살아가지만, 그 안에서도 자신만의 고유한 세계와 규칙을 가지고 있었다. 그들의 행동과 삶의 방식은 마치 하나의 예술작품처럼 아름답고, 때로는 인간보다 더 창조적이고 독립적인 면모를 발휘한다는 사실을 알게 되었다.

　같이 생활하고 있는 '보리'라는 고양이를 보면, 더욱더 그런 생각이 들었다. 보리는 어릴 때부터 고유한 성격과 독립성을 가지고 있었다. 처음 집에 데려왔을 때, 보리는 호기심에 가득 차서 집 안 구석구석을 다니면서, 코를 실룩거리며 탐색했다. 보리는 새로운 환경을 두려워하지 않았고, 자신만의 방식으로 새로운 세계를 받아들였다. 그 과정에서 보리는 그저 인간이 제공한 공간에 순응하는 것이 아니라, 자신의 영역을 만들어 나갔다. 보리는 내가 마련해 준 침대보다 거실에 있는 소파를 더 좋아했고, 사료 대신 주방에서 발견한 작은 벌레와 곤충을 쫓는 데 더 많은 시간을 보냈다.

　보리의 일상적인 행동들은 나에게 단순히 본능에 따라 움직이는 동물이 아니라는 확신을 하게 하였다. 예를 들어, 보리는 매일 아침에 내가 정수기에서 물을 내릴 때면, 주방으로 와서 물이 떨어지는 모습과 나를 지켜본다.

물이 컵으로 떨어지는 과정을 하나의 의식처럼 경건하게 바라보는 그의 눈빛 속에는 단순한 호기심을 넘어선 무언가가 있어 보인다. 마치 새로운 아침을 맞이하면서 깨끗하고 신선한 물을 마시는 나를 보고, 자신도 나와 같은 생각으로 함께 먹고자 하는 의사 표현을 하는 것처럼 보였다.

또한 집에서 청소기를 돌릴 때면, 나는 언제나 미묘한 평온함을 느낀다. 다른 고양이들은 청소기 소리가 들리기 무섭게 사라져 버린다. 그들은 마치 본능적으로 청소기의 윙윙거리는 소리에서 자신을 숨기려는 듯, 침대 밑이나 가구 뒤로 또는 다른 방으로 숨어버린다. 하지만 보리는 다르다. 청소기가 커다란 소리를 내며 거실과 방 안 구석구석을 헤집고 있을 때, 보리는 거센 소음에도 전혀 개의치 않고, 고요한 자세로 그 자리에 앉아 조용히 나를 바라본다. 무언가 더 큰 것을 이해하고 있는 것처럼. 마치 내가 집을 깨끗하게 치우고 있다는 사실을 알고 나를 응원하는 듯한 눈빛이다. 보리의 눈에는 두려움도 없고, 피하려는 모습도 없다. 오히려 그 요란한 소음 속에서도 내 존재를 온전히 느끼며, 나와 함께 이 공간을 지켜보는 듯하다. 이 작은 행동에서 마치 그가 내 삶에 관심을 두고 있는 듯한 느낌을 받는다. 보리는 단순히 소음에 무뎌진 고양이가 아니라, 그는 그 너머에 있는 평온함과 신뢰를 보여준다.

보리는 유난히 호기심이 많고 영리한 고양이다. 새로운 것에 대한 탐구심은 끝이 없다. 보리는 단순히 돌아다니는 것으로 만족하지 않는다. 언제나 무언가 새로운 것을 배우고 시도하며, 자신의 능력을 시험해 보고자 한다.

집에는 여러 개의 문이 있었지만, 가장 먼저 보리의 관심을 끈 것은 바로 안방으로 통하는 슬라이딩 문이었다. 그 문은 두꺼운 나무와 투명 유리로 되어 있어 상당히 무겁다. 평소에는 고양이들이 안방에 들어와 이불과 베개를 장난감 삼아 흐트러뜨려 놓아 들어가지 못하도록 문을 닫아놓았고, 보리는 종종 유리로 보이는 안방을 쳐다보기만 했다. 아마 들어가 보지 않았던 새로운 장소이기에 호기심이 많았던 보리는 문을 열고 들어가고 싶은 충동을 느낀 것 같았다. 하지만 안방으로 들어가는 슬라이딩 문은 일반적인 문과는 달랐다. 손잡이가 없기에 힘껏 밀거나 당기는 것만으로는 열리지 않는다. 대신 힘을 가해서 왼쪽이나 오른쪽, 한 방향으로 밀어야 문이 열린다.

보리는 처음에는 문을 열려고 시도하지 않았다. 그런데 어느 날 이후로 퇴근을 해서 집에 들어가면 항상 안방의 문이 열려 있었고, 고양이들이 들어왔던 흔적이 남아있었다. 그래서 안방에서 나갈 때 방문을 정확하게 닫지 않았다고 생각하여, 출근하면서 아내와 딸에게 문단속을 꼼꼼하게 해달라고 매일 부탁을 하곤 했다.

그러던 어느 날 일을 마치고 집에 들어가니, 보리가 자신의 조그만 발로 힘차게 안방의 슬라이딩 문을 밀어 열고 있는 광경을 우연히 목격하게 되었다. 나는 문을 여는 것을 보고 놀랐다. 보리가 그 문을 열고 안방으로 들어간다는 사실을 믿을 수 없었다. 하지만 나는 곧 이해했다. 보리는 그저 평범한 고양이가 아니었다. 그는 자신의 한계를 스스로 극복하고, 가보지 않았던 그 너머의 세계를 탐험하는 개척자이며 영리한 모험가였다. 보리가 닫혀 있는 문을 열 수 없을 것이라는 생각은 나의 착각이었다. 보리는 자기가 하고자 하는 것이 있으면, 스스로 학습하고 실천하는 고양이였다.

호기심이 많고
영리한 보리

보리의 창의성과 독립성은 그가 방 안에 있을 때 더욱 두드러진다. 집에 있는 다른 고양이들은 미닫이 방문이 닫혀 있으면, 문을 열고 나올 수가 없어서 크게 소리 내어 울거나, 발톱으로 문을 긁는 방법으로 나오고 싶다는 의사 표시를 한다. 그런데 보리는 사람이 문을 여는 것을 머릿속에 담아두었는지, 다른 고양이들은 시도조차 하지 않는데, 보리는 문을 열려고 먼저 손잡이 아래에서 앞발을 쭉 뻗었다. 손잡이 끝에 간신히 닿을 정도였다. 그리곤 몇 번의 도약을 통해 손잡이를 향해 힘차게 점프했다. 하지만 초기 시도는 실패로 끝났다. 손잡이에 닿기만 할 뿐, 제대로 된 힘을 가할 수 없었기 때문이었다.

보리는 잠시 멈추어 몸을 추스르며 고민에 빠진 것처럼 보이더니, 단순한 힘만으로는 안 된다는 것을 깨달은 것 같았다. 그리고 보리는 손잡이가 자신의 키보다 높은 곳에 있기에 손잡이를 향해 힘차게 뛰어올라 두 발로 손잡이를 잡았다. 이번에는 달랐다. 두 발을 손잡이에 걸고, 무게를 실어 손잡이를 아래로 당겼다. 문이 약간 움직이는 느낌이 들었다. 보리는 이제 조금만 더 하면 된다는 것을 직감한 것 같았다. 그는 바로 다음 동작으로 이어갔다. 손잡이를 당긴 채로 몸의 무게를 뒤로 실었다. 그러자 문은 천천히, 그리고 부드럽게 열리기 시작했다.

이러한 모습을 보면서, 나는 보리가 사람의 행동을 단순히 바라보기만 하는 것이 아니라는 사실을 알았다. 그는 스스로 하고자 하는 생각이 있으며, 창의적으로 시도할 줄 아는 고양이임을 알게 되었다. 그의 행동은 마치 어린아이가 도구의 이용 방법을 스스로 습득해 나가는 과정처럼 보였다.

그 후로도 보리는 손잡이를 당겨 문을 열고 나오거나 들어가는 것을 반복했다. 점점 더 능숙해졌고, 이제는 그 일이 마치 일상처럼 자연스러워졌다. 미닫이문을 열고 나오는 보리의 모습은 그의 결단력과 지능을 잘 보여주는 상징이 되었다. 보리는 단순히 문을 여는 것이 아니라, 자신의 길을 적극적으로 개척하고 있는 것처럼 보였다. 그는 새로운 세상으로 나아가는 것에 두려움이 없었다. 그 모든 과정이 보리에게는 하나의 도전이면서 즐거운 놀이였고, 삶의 큰 의미로 보였다.

　이런 호기심이 강한 보리는 때로는 생각조차 하기 싫은 매우 위험한 모험도 서슴지 않았다. 그날도 우리는 예상치 못한 일이 벌어질 줄 몰랐다. 딸과 외출을 마치고 집에 돌아왔을 때, 딸은 울먹이며 나에게 큰일이 났다고 말했다. 급하게 딸의 방으로 뛰어가 보니, 베란다 창문이 활짝 열려 있었고, 방충망도 제자리에 있지 않았다. 순간, 머릿속에 스친 것은 단 하나, 보리가 밖으로 나갔다는 사실이었다.

　내가 살고 있던 집은 1층에 있었고, 창문 바로 앞에는 나무와 꽃 그리고 잡초가 무성한 화단이 있었다. 이러한 환경에서 창문의 잠금장치를 정확하게 해놓지 않으면, 보리에게는 밖으로 나가는 것이 그리 어렵지 않았을 것이다. 나는 주변 전봇대나 집 출입문 등에서 고양이를 잃어버려서 찾고 있는 전단지를 자주 봐왔기에, 이 일이 결코 가벼운 일이 아니라는 생각이 들었다. 그 순간 내 안에

선 집 밖으로 나간 보리가 낯선 장소에 놀라서 멀리 도망쳤을 것이라는 생각이 들자, 갑자기 겁이 나면서 온몸이 얼어붙고 심장이 미친 듯이 뛰기 시작했다. '어떡하지? 만약에 멀리 도망갔다면? 내가 보리를 다시 찾을 수 있을까?' 머릿속은 순식간에 새하얘졌다. 그동안 정성스럽게 키우고, 딸이 가장 사랑하는 가족 같은 존재인 보리를 잃어버린다는 상상만으로도 숨이 막혔다. 무력감과 두려움이 뒤섞인 혼란스러운 감정 속에서 나는 아무 말도 할 수 없었다. 그러면서 '어떻게든 빨리 보리를 찾아야 해.' 그 생각밖에 들지 않았다. 그러면서 딸과 함께 밖으로 뛰쳐나갔다.

정신없이 집 주변을 찾아다니며 보리의 이름을 불렀다. 그러나 보리의 모습은 어디에도 보이지 않았고 정적만이 대답했다. 짙어가는 불안감 속에서 나는 어렴풋이 보리가 어디로 갔을지 상상했다. 낯선 바깥세상에서 길을 잃고 두려워하는 보리의 모습을 떠올리자, 내 마음은 점점 더 초조해지고 무거워졌다. 얼마나 멀리 갔을까? 그가 겁을 먹고 멀리 도망쳤을까? 주변엔 차들이 많이 다니고 있어 매우 위험할 텐데, 혹여나 다치기라도 한 건 아닐까? 걱정스러운 생각이 머릿속을 가득 채웠다.

딸은 눈물을 글썽이며 "창문을 제대로 닫지 않아 정말 죄송해요. 보리가 정말 사라져서 찾을 수 없으면 어떻게 해요?"라며 떨리는 목소리로 말했다. 딸의 불안과 죄책감이 묻어나는 말에 나 또한 마음이 무거워지고 가슴이 아려왔다. 하지만 나는 딸을 안심시키기 위해 말을 꺼냈다. "어쩔 수 없는 일이 생긴 거니까 우리의 잘못이라고 너무 자책하지 말고, 우선 보리를 다시 찾아보자." 하지만 그런 말을 하면서도 내 마음속 한편에서는 실낱같은 희망을 붙잡고 있었다.

잠시 생각해 보니, 보리는 영리한 고양이었다. 그가 창문 밖으로 나갔다 하더라도, 낯선 환경에 익숙하지 않았을 것이고, 그렇다면 너무 멀리까지 가지 않았을 것이라는 직감이 들었다. 그때 마음 한구석에 희미하게나마 안도감이 자리 잡으며 머릿속에 확신 하나가 떠올랐다. '창문 앞에 있는 화단 주변을 다시 한번 자세히 살펴보자. 혹시 보리가 그곳에 있을지도 몰라.' 나는 그런 생각으로 사료를 챙겨 급하게 화단 쪽으로 갔다.

화단 턱을 넘는 순간, 다리에 통증이 느껴졌다. 다급한 마음에 생각할 겨를도 없이 턱을 넘으려다 무릎이 화단 턱에 부딪혔던 것이다. 하지만 그때는 다리의 통증이 중요한 것이 아니었다. 마음속을 가득 채운 건 보리를 반드시 찾아야 한다는 생각과 그 작은 몸이 우리 가족의 곁을 떠나지 않았으면 하는 간절함뿐이었다.

사료를 화단에 내려놓고 보리의 이름을 다시 불러보았다. 나무와 풀로 가득한 화단은 어두운 그림자를 드리우고 있었고, 그 속에서 보리의 작은 모습을 찾기란 거의 불가능해 보였다. 그런데 놀랍게도, 잠시 후 나무와 풀숲 사이에서 보리가 조심스럽게 모습을 드러냈다. 정말 기적 같은 순간이었다. 아, 보리가 무사했다. 그토록 걱정했던 그 순간들이 모두 씻겨 내려가는 듯했다.

내 무릎에서는 여전히 피가 흐르고 있었고, 다리는 욱신거렸지만, 그 모든 아픔은 보리의 모습을 본 순간 아무것도 아니었다. 내 곁에 돌아온 그 작은 생명체는 내게 그 어떤 고통도 잊을 수 있을 만큼 소중했다. 딸은 울음을 터뜨리며 보리를 안았고, 나 역시 보리의 머리를 쓰다듬으며 그 작고 따뜻한 생명이 우리 곁에 다시 있다는 사실에 감사함을 느꼈다.

호기심이 많은 보리는 잠시 창문 밖으로 나갔지만, 곧 그곳이 낯선 장소라는 것을 깨닫고, 다행히도 멀리 가지 않았던 것이었다. 아마도 보리는 그 자리에 머물러 있으면, 우리가 반드시 자신을 찾아낼 것임을 이미 알고 있는 것 같았다. 만약 보리가 멀리 갔더라면, 영영 찾지 못했을지도 모른다는 생각에 온몸이 얼어붙을 정도로 아찔했다. 그러나 다행히 보리는 자신의 선택이 잘못되었음을 파악하고 그 자리를 지키고 있었다.

그 이후로 보리는 창문 밖으로 나가려는 시도조차 하지 않는다. 마치 '집 밖은 위험하다.'라는 사실을 철저히 깨달은 것처럼 말이다. 호기심 많은 보리도 이제는 안전한 집 안에서의 삶을 더 편안하고 소중하게 여기고 있는 것처럼 보였다. 인간이 경험을 통해 배우듯, 보리 역시 자신의 방식대로 세상을 배우고 있었다.

이러한 일은 내게 큰 의미를 주었다. 보리가 그 위험하고 혼란스러운 순간 우리를 믿고 기다렸다는 사실은 큰 감동으로 다가왔다. 그는 말을 할 수는 없었지만, 그가 가진 감정과 믿음은 그 자체로 하나의 이야기를 하고 있었다. 그의 호기심은 단순한 충동이 아니었다. 그는 자신만의 생각과 감정을 품고 세상을 탐험하고자 했으나, 외부 세계가 그리 익숙하지 않다는 것과 위험이 있다는 사실을 스스로 깨닫고 이해한 듯했다. 그리고 그 속에서 자신만의 현명한 결론을 내린 것이었다. 그날, 그가 그 자리에 가만히 머물러 있던 것은 단지 움직임을 멈춘 것이 아니라, 보이지 않는 우리와의 연결을 믿었던 것이었다.

자고 있는 보리

　보리는 호기심이 많기도 하지만, 무엇보다도 나를 웃게 만드는 특별한 재주를 가지고 있다. 장난기 가득한 보리의 행동은 언제나 예상 밖이어서, 나도 모르게 웃음을 터뜨리곤 한다. 가끔은 침대 위에서 몸을 둥글게 말고 앉아 내 손을 향해 장난스럽게 앞발을 내밀거나, 때로는 갑자기 기운차게 뛰어올라 내 어깨나 등에 올라타기도 한다. 물론 그의 작은 발톱은 내 어깨와 등을 따갑고 아프게 하며 피부에 작은 상처를 남기기도 하지만, 그 순간에도 나는 친근함을 표현하는 보리의 그 순수한 에너지가 얼마나 사랑스러운지를 느끼게 된다.

보리의 맑은 눈동자를 바라보며 나는 그가 지닌 어린아이와 같은 천진함이 얼마나 깊은 울림으로 전해지는지 새삼 깨닫게 된다. 그의 장난스러운 행동 하나하나는 단순한 놀이가 아닌, 일상의 지루함을 씻어내는 보물 같은 순간이다. 그 작은 몸짓과 눈빛 하나로, 보리는 나에게 무한한 애정을 전하고 있는 듯하다. 그의 순수한 존재는 그 자체만으로도 내게 깊은 감명을 준다.

보리는 단순히 호기심 많고 장난스러운 고양이로만 보이지 않는다. 그의 행동을 찬찬히 들여다보면 마치 인간처럼 감정을 독립적으로 표현하는 방식이 느껴진다. 보리는 인간에게 본능적으로 의지하는 모습이나 사랑을 구하는 태도를 보이는 것이 아니라, 자신의 방식대로 감정을 드러낸다. 보리의 태도는 단순한 성격의 차이가 아니다. 그는 자신의 감정을 숨기거나, 사람의 기대에 맞추어 행동하지 않는다. 기분이 좋을 때는 소리를 내기도 하고 온몸을 펼치며 자유롭게 움직이지만, 불편한 때에는 나의 손길을 피하며 조용히 혼자 있는 시간을 갖는다. 이것은 마치 인간이 사회 속에서 스스로의 감정을 조율하고, 독립적으로 살아가는 모습과 닮아 있다. 인간에게 있어 자기만의 시간과 공간이 중요한 것처럼, 보리도 그만의 시간을 중요하게 여기는 듯하다.

이런 모습은 하나의 독립적인 존재로서 그의 삶을 대하는 자세처럼 느껴진다. 나는 그가 나에게 의지하기보다는, 함께 공존하는 존재임을 느낀다. 보리와 나와의 관계는 인간과 동물의 관계를 넘어서, 두 개체가 서로를 존중하며 살아가는 방식에 가깝다.

애교스러운 보리

한 고양이와의 이별은 나에게 그들의 행동이 때로는 인간보다도 더 깊이 있는 철학적 의미가 있는 것이 아닌가 하는 생각을 하게 하였다. 그들은 과연 무엇을 생각하고 있을까? 그들은 이 순간을 어떻게 느끼고 있을까? 그리고 그들은 자신을 어떻게 표현하고 있을까?

이러한 질문들에 대한 답을 찾는 과정에서 나와 함께 생활하고 있는 고양이들은 내 삶 속에서 자신만의 표현을 통해 나에게 새로운 시각과 감각을 선사한다는 것을 알았다. 그들의 존재는 나에게 단순한 위로 이상의 의미를 갖도록 해주었다. 그리고 나는 그들 각자의 삶을 존중하며 그들과 함께하는 시간을 더욱더 소중하게 여기게 되었다.

동물은 생명의 주체로서 자신만의 세계를 살아가는 존재라고 하는 내 믿음에 대하여 다른 사람들은 동의하지 않을 수 있다. 많은 사람은 동물을 여전히 인간의 보호와 보살핌을 받아야 하는 존재로 인식하며, 그들의 행동을 단순한 본능이나 필요에 의한 것이라고 해석한다. 그러나 내가 고양이와 함께 살아가면서 얻은 경험은 전혀 다르다. 그들의 행동 속에는 단순한 본능 이상의 무언가가 담겨 있다. 그들은 매일 자신만의 방식으로 나와 교류하며, 말없이도 자신을 표현하고, 나와 함께 새로운 경험을 만들어 가고 있다. 이 교감 속에서 나는 그들이 단순히 동물이 아닌, 독립적인 생명의 주체라고 확신하게 되었다.

지금도 나는 그들의 이야기를 듣고 있다. 그들은 나와 대화를 나누지는 않지만, 그들의 행동 하나하나가 나에게 깊은 깨달음을 준다. 그들의 눈빛, 몸짓, 울음소리 그리고 침묵 속에서 나는 그들이 말하려는 바를 이해하려고 한다. 그들은 그저 인간에게 길들여진 동물이 아니다. 오히려 그들은 자기만의 세계를 만들어 가며, 인간과는 다른 방식으로 세상을 살아가는 예술가다. 그들이 나에게 전달하는 이야기는 그들만의 독창적인 세계를 반영하고 있으며, 나는 그들의 이야기를 통해 생명에 대한 새로운 시각을 얻게 되었다.

동물의 존재에 대해 깊이 고민하면서, 데이비드 M. 페냐구즈만(David M. Pena-Guzman)과 프리드리히 빌헬름 니체(Friedrich Wilhelm Nietzsche) 그리고 존 피터 버거(John Peter Berger)의 시각을 접했을 때, 나는 그들의 관점이 나의 내면 깊숙이 자리하고 있는 생각들과 많은 부분에서 같이한다는 것을 알았다. 이들의 이야기와 사유는 동물들이 단순한 생물학적 존재를 넘어 생명의 주체이며,

예술적으로 창조된 주체로서의 의미를 지닌다는 사실을 탐구한다. 이와 같은 통찰은 내 감정을 정확히 표현해 주며, 내 생각을 대신해 주는 것처럼 느껴졌다.

이들의 관점은 내가 동물들과의 관계에서 경험했던 감정과 사유에 관해 깊이 생각하게 했다. 그리고 이들의 시각을 통해, 나는 동물들이 지닌 생명의 주체와 예술적 가치를 더욱 깊이 이해할 수 있도록 하였다.

> 동물들은 물리적·심리적·진화적·존재론적·영적 성장이 저지된 기묘한 상태에 사로잡혀 있는 것이 아니다. 그들은 그들 나름의 육체도해, 심리적 구조, 진화의 역사를 가졌다. 또한 그들 나름의 관심, 포부, 동기도 있고 현실을 형성하고 해석하는 나름의 방식, 세상의 풍부함 자체를 견디고 즐기는 나름의 방식이 있다. 우리는 종종 그들의 경험에 비춰 우리의 경험의 측면을 보기도 하지만, 그들 자체가 우리의 반사상이 아니다. 그들은 우리를 비춰주거나 보완하려고 있는 것이 아니다. 우리를 위해서 존재하거나 우리에

게 감사하려고 존재하는 것도 아니다. 그들은 우리가 바라는 모습이 되기 위해서 존재하는 것이 아니라 그들 자체로, 그들의 모습 그대로 존재한다. 그들은 철학자 톰 레건(Tom Regan)의 용어를 빌리자면 "생명의 주체"다. 이 말은 자신의 삶의 행위자라는 뜻이다.[01]

페냐구즈만은 동물도 인간처럼 수면 단계에서 꿈을 꿀 수 있다는 과학적 연구를 바탕으로, 동물의 꿈은 언제나 주관적 의식(현상적인 경험의 중심에 서는 것)의 증거이고, 종종 정서적 의식(감정적으로 약화된 상태로 사건을 경험하는 것)의 증거이며, 가끔씩은 무려 메타인지적 의식(자신의 정신생활을 성찰하는 능력을 갖는 것)의 증거도 된다는 것을 보여준다고 이야기한다.

예를 들어, 고양이나 개가 사는 동안 발을 움직이거나

---

01 데이비드M. 페냐구즈만(David M. Pena-Guzman), 《WHEN ANIMALS DREAM(우리가 동물의 꿈을 볼 수 있다면)》, 김지원 옮김, 위즈덤하우스 (2024), p.188.

소리를 내는 모습을 관찰한 적이 있을 텐데, 이런 행동들은 동물들이 꿈속에서 무언가를 경험하고 있음을 시사한다. 이때 페냐구즈만은 동물의 꿈이 인간의 꿈과 유사한 감각, 기억, 그리고 감정적 요소를 포함할 수 있다고 보며, 그들이 잠자는 동안 느끼는 경험은 단순한 생리적 반응이 아닌 '주관적'인 경험임을 이야기한다.

동물이 꿈을 꾼다는 사실은 그들이 단순히 환경적 자극에 기계적으로 반응하는 존재가 아니라, 스스로 경험을 재구성하고 해석할 수 있는 존재라는 것이다. 그래서 그는 동물에게도 일종의 '자아'가 존재할 수 있음을 암시한다. 이는 동물도 자신과 세계를 인식하고, 기억을 통해 경험을 재구성하는 능력을 가질 수 있다는 것이다. 페냐구즈만은 동물의 이런 주체성을 인정하는 것이 그들을 도구적, 수동적인 존재로 보는 전통적 시각에서 벗어날 수 있음을 말한다.

페냐구즈만은 동물이 단순한 본능적 기계로서 살아가

는 존재가 아니라, 꿈을 통해 자신을 성찰하고, 감정을 경험하며, 의미를 창조하는 존재로 바라봐야 한다고 주장한다. 이를 통해 동물이 주체적인 삶을 살고 있다는 철학적 관점을 확립하며, 이는 우리가 동물을 단지 인간의 필요를 충족시키는 대상으로만 여겨서는 안 된다는 윤리적 함의를 담고 있다. 우리는 그의 이야기를 통해서 동물의 꿈을 단순한 수면 현상으로만 보지 않고, 동물이 의식적으로 경험하는 주체로서 자신을 인식하고 세계와 상호작용하는 존재임을 알 수 있다.

우리는 허영심 때문에 우리만이 이 세계 창조의 힘을 가졌다고 생각하고 싶어 한다. 프리드리히 니체가 1800년대 말에 주장한 것처럼, 우리 인간의 자존심은 우리가 "전 우주를 단 하나의 특별한 소리로부터 무한히 갈라지는 끝없는 메아리로 보게 만든다. 바로 인간의 소리다. 그리고 전 우주를 단 하나의 특별한 영상으로부터 끝없이 증가하는 복제로 보게 만든다. 바로 인간의 모습이다". 하지만 우주는 단순히 우리의 메아리나 복제가 아니다. "우리가 각다귀(파

리목에 속하는 각다귀과 곤충의 총칭)와 소통할 수 있다면, 우리는 각다귀 또한 똑같이 근엄하게 공중을 날면서 우주의 중심에서 비행하고 있다고 느낀다는 사실을 알게 될 것이다"라고 니체는 말을 이었다.

니체의 설명에 따르면, 모든 동물은 "예술적으로 창조된 주체"로, 그들 자신의 존재에 걸맞는 현상적 현실을 구축한다. 심지어 각다귀도 그들의 소리와 그들의 영상을 우주에 투영해서 각다귀라는 존재로서 각다귀 세계를 만든다. 심지어 그들의 눈도 "사물의 표면을 스치고 '형태'를 본다"고 니체는 말한다.[02]

독일 출신의 철학자이며, 문헌학자인 프리드리히 빌헬름 니체(Friedrich Wilhelm Nietzsche)의 "모든 동물은 예술적으로 창조된 주체"라는 표현은 각 동물들이 본능적으로 자기의 삶을 살아가면서, 자연스럽게 자신의 본질

---

02 데이비드M. 페냐구즈만(David M. Pena-Guzman), 《WHEN ANIMALS DREAM(우리가 동물의 꿈을 볼 수 있다면)》, 김지원 옮김, 위즈덤하우스 (2024), p.194.~p.195.

을 표현하는 존재라는 의미이다. 동물들은 자신들의 본성을 따라서 행동하고, 이를 통해 그들만의 '예술작품'을 만들어 낸다는 것이다. 그는 인간을 포함한 모든 생명체가 본능적으로 자신의 삶을 미적으로 구성하고, 자기 자신을 예술작품처럼 창조하는 능력을 가지고 있다고 믿었다. 이는 인간이나 동물이 단순히 생물학적, 기능적 존재가 아니라, 자기의 삶을 창조적으로 구성하고 표현하는 예술적 존재라는 니체의 철학적 관점을 잘 보여준다.

영국의 비평가이며, 소설가이자 화가인 존 피터 버거(John Peter Berger, 1926년~2017년)는 현대 사회에서 인간과 동물 간의 소외 현상을 비판적으로 분석하며, 인간이 동물을 보는 방식에 대한 철학적, 미학적 고찰을 담은 저서 《본다는 것의 의미(About Looking)》(1980년)에서 〈왜 동물을 보는가?(Why Look at Animals?)〉라는 상이 있는데, 이 책을 통해 동물에 대한 중요한 주장을 제시했다.

버거는 동물이 사회에서 인간의 감정이나 상징적 욕

망을 표현하는 도구로 사용되며, 이 과정에서 그들은 독립적인 주체성이 희생되거나 실질적인 존재가 무시된다고 지적한다. 이는 동물과의 관계를 상실시키고, 동물의 본래 의미를 왜곡하는 결과를 초래한다고 보았다. 그의 관점은 동물을 단순한 객체가 아니라 독립적이고 자율적인 존재로 바라보아야 한다는 메시지를 담고 있다. 그는 동물의 주체성을 인정하고 존중하는 것이 인간의 윤리적, 감성적 이해를 확장하는 데 필요하다고 강조한다. 버거는 동물원을 현대 사회에서 동물과 인간이 소외된 관계를 상징하는 장소로 보면서, 다음과 같이 말했다.

> 제아무리 당신이 동물원에 있는 동물들을 자세히 본다고 하더라도, 비록 그 동물이 당신으로부터 한 발자국도 떨어져 있지 않은 쇠창살에 기대어 사람들을 향해 바깥쪽을 보고 있을 경우에조차도, 당신은 철저히 무시되어 주변으로 밀려난 어떤 것을 바라보고 있는 것이며, 당신이 짜낼 수 있는 모든 집중력을 있는 대로 다 짜낸다 하더라도 그것을 다시 중심에 자리 잡도록 만들기에는 결코 충분치 못할 것

이다. 왜 그러한가?

제한된 범위 내에서는 그 동물들이 자유롭지만, 그 동물들 자신들이나 그것들을 구경하는 사람들 모두 그 폐쇄된 감금 상태를 가정하고 있는 것이다. 유리를 통하여, 쇠창살 사이의 공간을 통하여, 또는 해자(침입을 막기 위해 성 주위를 둘러서 판 못) 위의 빈 공간을 통하여 눈에 보이는 것은 그것들의 실제 모습이 아닌 것이다.[03]

동물은 그들만의 방식으로 세상을 이해하고, 자신만의 세계를 만들어 가며, 인간이 인식하지 못하는 방식으로 삶을 살아간다. 이러한 깨달음은 나로 하여금 인간과 동물의 관계를 재정립하고, 동물의 권리와 존재의 가치를 새롭게 조명해야 한다는 생각을 하게 만들었다.

동물과 인간의 관계를 새정립하는 것은 단지 인간의 책임감을 강조하는 것이 아니다. 이는 동물의 존재 자체

---

[03] 존 버거(John Berger), 《ABOUT LOOKING(본다는 것의 의미)》, 박범수 옮김, 동문선(2020), p.39.

가 존중받아야 할 생명체라는 인식을 확립하는 것이다. 인간은 더 이상 동물을 지배하거나 소유할 권리가 없으며, 인간은 동물들과 함께 각자의 삶을 존중해야 한다. 이러한 인식은 인간이 동물을 대하는 방식에 있어 근본적인 변화를 요구한다. 동물들은 단순한 보호의 대상이 아니라, 그들만의 고유한 세계를 살아가는 주체적 존재로서 존중받아야 한다는 것이다.

우리가 생활하고 있는 지구 또한 이러한 관계에서 중요한 의미를 가진다. 지구상에는 수많은 생명체가 함께 살아가고 있으며, 그들은 각자 고유한 방식으로 세상과 상호작용하고 있다. 인간은 오랜 시간 동안 자연을 통제하고 지배하려는 시도를 해왔다. 이제는 지구가 인간만의 소유물이 아니라, 이 세상에 존재하는 모든 생명체가 함께 공유하며 유기적으로 공존해야 한다는 인식이 필요하다. 동물과의 관계 재정립은 이러한 새로운 지구관을 확립해 나아가는 첫걸음이다.

그림 민지 작가
공정, 캔버스 위에 유화(Oil on Canvas),
91×116.8cm(50호), 2022

나는 동물에 대한 다양한 관점을 가진 사람들과 이러한 생각을 나누고 싶다. 많은 사람은 여전히 동물을 인간의 필요에 맞춰 해석하려 하지만, 고양이들과 함께 생활하면서 나는 그들이 보여주는 세상을 통해 동물의 권리와 가치를 새롭게 바라보게 되었다. 그들은 단순히 인간의 기대에 따라 살아가는 존재가 아니라, 그들만의 독창적인 세계를 창조하며 살아가는 생명체다. 이러한 시각에서 동물에 대한 논의는 인간과 동물의 관계에 있어서 깊이 있는 변화가 필요함을 보여준다.

이 세상에 존재하는 모든 생명체는 저마다의 고유한 이야기를 가지고 있으며, 우리는 그들의 이야기에 귀 기울여야 한다. 그들과 함께하는 순간들은 우리에게 생명에 대한 새로운 통찰을 선사하며, 우리는 그들과 함께 더 나은 세상을 만들어 갈 수 있을 것이다.

대중의 사정

대중의 사정

어릴 적 시골 할머니 댁은 나에게 늘 신비로운 공간이었다. 대문을 열고 들어가면 눈앞에 펼쳐지는 풍경은 내가 살고 있었던 시내에서는 볼 수 없었기에, 마치 세상과는 동떨어진 작은 세계 같았다. 커다란 마당과 그 주변을 둘러싼 텃밭, 이곳저곳에 심어진 복숭아나무와 대추나무, 밤나무 그리고 멀리 돼지우리와 닭장, 우물까지 모든 것이 조용히 자기 자리를 지키고 있었다. 햇볕이 잘 드는 마당 한쪽에는 커다란 개집이 있었고, 그곳에는 언제나 개 한 마리가 앉아 있었다. 그 개는 덩치는 컸지만 순하게 보였고 목줄을 차고 있었으며, 할머니 댁에서 가장 친근한 존재였다.

하지만 나에게 그 개는 언제나 두려움의 대상이었다. 동물을 무서워했던 나는 그 개에게 가까이 다가갈 수 없었다. 비슷한 또래의 친척 아이들이 "와, 강아지다!" 하며 개를 향해 달려가서 머리를 쓰다듬고 몸을 만지면서 장난을 치는 모습은 나에게는 그저 놀라움이었다. 그들은 두려움 없이 개에게 다가가 웃고 떠들며 자연스럽게 교감했지만, 나는 발걸음이 떨어지지 않았다. 그저 먼 발치에서 그들을 바라보는 것이 내가 할 수 있는 전부였다.

마루에 앉아 아이들이 개와 노는 모습을 멍하니 바라보며, 마음 한편으로는 나도 그들과 함께 놀고 싶다는 생각이 들곤 했다. 하지만 그럴 때마다 내 마음속 깊은 곳에서 알 수 없는 무서움이 나를 꽉 붙잡고 있었다. 개의 풍성한 털을 만지면 어떤 느낌일지, 그 따뜻한 체온을 느끼면 어떤 기분일지 궁금하기는 했지만, 그 호기심을 행동으로 옮기기엔 두려움이 너무 컸다. 그때는 개가 갑자기 커다란 입으로 물거나 하면 피가 날 수도 있고, 많이 아플 것이라는 걱정과 불안감을 늘 가지고 있었다.

시간이 지나도 나의 무서움은 크게 변하지 않았다. 할머니 댁에 갈 때마다 개는 여전히 그 자리에 있었고, 나는 가까이 갈 수 없는 존재로 남아 있었다. 아이들은 강아지와 장난을 쳤고, 나는 과거와 같이 멀리서 그 모습을 지켜볼 뿐이었다. 그때부터 나는 동물에 대한 막연한 거리감을 느꼈다. 내가 다가서지 못했던 그 거리는 단순히 물리적인 거리만이 아니었다. 그것은 내 마음속 깊은 곳에 자리한, 동물을 향한 이해와 친근감의 부재였다.

시간이 많이 흘러 어른이 되었지만, 동물에 대한 내 감정은 크게 달라지지 않았다. 친구들이나 지인들이 강아지나 고양이를 애정 어린 눈빛으로 바라보며 그들과 교감할 때, 나는 그 모습을 이해하기가 어려웠고, 그저 그들의 세계와 나의 세계가 다르다는 생각만이 들었다. 그들에게는 강아지나 고양이가 가족의 일원이나 다름없었지만, 나에게는 여전히 낯설고 두려운 존재였다. 지인들이 반려동물을 키우며 행복해하는 모습을 볼 때, 나도 동물이 귀엽고 사랑스럽다는 마음이 전혀 없었던 것은 아니었다. 하지만 어릴 적부터 쌓여온 두려움은 여전히 내 행동을 제약했고, 나는 그들과 가까워지는 것이 어려웠다. 사람들 사이에서 자연스럽게 동물과 교감하는 모습을 볼 때마다, 내 마음속에서는 여전히 어릴 적 할머니 댁의 그 개가 떠올랐다.

동물의 날카로운 이빨과 발톱 그리고 매서운 눈빛이 무서웠으며, 짖거나 우는 소리가 듣기 싫어서 내가 생활하거나 다니는 곳에서 마주하지 않기를 바랐다. 동물들이 내 곁에 다가오는 것을 본능적으로 거부했고, 그들이 내 주변을 맴도는 것만으로도 불편함을 느꼈다.

한일 월드컵이 열렸던 2002년도 가을 무렵, 나는 근처에 작은 천이 흐르는 공원이 있어 산책하기 좋은 공동

주택에 살고 있었다. 한적한 길을 따라 걷다 보면 길고양이들과 자주 마주치곤 했는데, 그들은 그림자처럼 슬며시 나타났다가 곧 조용히 사라졌기에 나는 큰 관심을 두지 않았다. 하지만, 어느 날부터 길고양이들이 자주 모이는 장소가 눈에 띄었다. 그곳은 내가 거주하고 있는 공동주택 1층 주차장 출입구의 왼쪽 구석진 자리였다. 그곳에는 사료 그릇과 물그릇이 놓여 있었고, 고양이가 다녀간 흔적을 볼 수 있었다. 누군가가 주기적으로 사료와 물을 챙겨주고 있다는 것을 알 수 있었다.

동물을 좋아하지 않았던 나는 도대체 누가 남의 집 주변에 이런 짓을 하는지 이해할 수 없다는 생각과 함께 불편한 감정을 느꼈다. 이렇게 사료를 놓아두면 고양이들이 찾아올 것이고, 그에 따라 주변이 더러워지며 길고양이들로 인해 여러 가지 문제가 생길 것이 분명했다. 그래서 누구인지 모르겠지만 발견하기만 하면 혼쭐을 내겠다고 생각했다.

주말 어느 날 집에서 우연히 창밖을 내려다보고 있었는데, 바로 그때 조심스럽게 사료와 물을 놓고 있는 중년의 아주머니 한 분을 발견하게 되었다. 그 아주머니는 마치 남의 눈을 피하려는 듯 주위를 두리번거리며, 고양이 사료를 내려놓고 물그릇까지 정성스럽게 채우고 있었다. 그 순간 나는 재빨리 밖으로 뛰어 내려가서, 처음 보는 아주머니에게 사료 그릇은 당신이 생활하고 있는 집에 놓아두면 되지, 왜 다른 사람들이 거주하고 있는 집 주변에 놓아주는지 큰 소리로 호통을 쳤다. 그러자 그 아주머니는 잠시 당황한 듯 멈칫하더니, 나를 쳐다보자마자 곧장 사료를 내려놓고 도망치듯이 서둘러 자리를 피했다. 아무런 변명도 하지 않고 말없이 뒤돌아 가는 아주머니의 모습은 놀랍고 당황스러워 보였다.

나는 정말 이해할 수 없었다. 아주머니 자신이 동물을 좋아한다고 다른 사람들도 같은 생각을 가지고 있을 것이라는 확신으로 행동하는 모습이 마음에 들지 않았다. 이러한 생각을 가지고 있는 상황에서 내가 동물과 같이 생활한다는 것은 상상할 수 없고, 있을 수도 없는 일이었다.

　초등학교에 다니고 있던 어린 딸은 동물들에 대해 깊은 애정을 가지고 있었다. 공원에서 길고양이를 만나면 반갑게 다가가고, 동물에 관한 책을 즐겨 읽었으며, 텔레비전에서 동물을 다룬 프로그램이 방영되면 시선을 고정하곤 했다. 딸에게 동물은 세상의 어떤 것보다도 소중하고 특별한 존재였다. 이러한 생각을 가지고 있는 딸이 나를 사랑스러운 눈빛으로 바라보며, 고양이를 입양하여 키우자고 부탁했다. 그러나 나는 그 사랑을 받아들일 용기가 없었기에 매번 단호하게 거절했다.

　물론 딸의 말속에는 아이들만이 가질 수 있는 순수함과 진지함이 가득 담겨 있었기에, 내 말에 딸이 느꼈을 실망과 아쉬움을 알면서도, 내가 해줄 수 있는 것은 고양이들이 있는 카페에 데려다줄 수 있다는 것이 최선의 대답이었다. 그곳에 가서 고양이를 만지기도 하고 사진도 찍으면서, 잠시나마 딸이 원하는 것을 느낄 수 있기를 바라며 함께 시간을 보내는 것이었다.

　딸의 부탁은 계속되었다. 딸은 학교에서 힘든 일이 있을 때나 마음이 속상할 때, 친구 같은 고양이가 집에 있다면 그 작은 존재만으로도 큰 위로가 될 것 같다고 말했다. 또 고양이를 책임감 있게 돌볼 자신이 있다며, 매일 먹이를 주고 화장실도 청소하며, 사랑으로 정성껏 보살피겠다고 했다. 자신의 진심 어린 간절한 바람이기에, 꼭 들어달라고 자주 이야기했다. 그래서 나도 몇 번은 딸의 부탁을 들어줄지 고민하기도 했다.

　딸이 학교를 마치고 집으로 돌아오거나, 입시 준비로 힘들어하는 모습을 볼 때마다 마음이 흔들렸다. 고양이와 함께 생활하는 것이 딸에게 위안이 되고, 딸이 고양이와의 교감을 통해 얻을 수 있는 기쁨은 그 무엇보다도 클 것이라고는 생각했다. 딸이 동물을 키우고 싶어 하는 간절한 마음을 충분히 이해했지만, 동물은 사람보다 훨씬 짧은 생을 살아가기 때문에, 가족처럼 사랑하는 반려동물이 더 빨리 세상을 떠날 가능성이 크다는 사실을 항상 마음에 두고 있었다. 그런 생각을 가지고 있었기에 딸의 부탁을 쉽게 들어줄 수가 없었다.

동물을 사랑하는 사람들에게 입양은 그저 자연스럽고 따뜻한 선택이었겠지만, 나에게는 너무도 멀게만 느껴지는 일이었다. 그저 가까이에서 동물을 보는 것만으로도 긴장감이 생기던 나였기에, 그들과 함께하는 삶은 전혀 고려할 대상이 아니었다. 더군다나 동물의 생명이 나보다 짧다는 사실은 나를 더욱더 주저하게 만들었다. 언젠가는 그들을 먼저 떠나보내야 한다는 그 슬픈 현실과 마주할 준비가 되지 않았고, 그 고통스러운 순간들을 내가 감당할 수 있을지 의문이었다.

또한 나는 고양이를 입양함으로써 우리 가족이 겪게 될 슬픔과 아픔을 미리 예견하고 있었다. 동물을 사랑하면, 그 사랑만큼의 상실감도 반드시 뒤따르게 마련이었다. 그들이 우리와 함께하는 시간은 너무도 짧고, 그들이 병들고 나이가 들어갈 때 우리가 느끼게 될 무력함은 불가피할 것이라는 현실을 피하고 싶었다. 차라리 동물과의 관계를 맺지 않으면, 이별의 슬픔도 겪지 않아도 된다고 스스로를 설득했다.

　나는 동물을 떠나보내는 고통을 직접 경험하지 않았음에도 불구하고, 그 상실의 무게가 얼마나 클지 너무도 잘 알고 있었다. 주변에서 들려오는 이야기나, 길을 지나며 마주치는 아픈 동물들의 모습을 보며, 나는 그 순간을 상상할 수 있었다. 만약 우리 집에 동물이 있다면, 그들이 아프고 힘들어할 때 내가 그들을 위해 무엇을 해줄 수 있을까? 나는 그 순간에 자신이 없었다. 그래서 고양이를 입양할 수가 없었다.

첫 만남

첫 만남

　어느 날 동물을 분양하는 곳을 알게 되어, 가서 구경만 해도 좋다고 하는 딸의 간절한 부탁으로 큰 부담 없이 가볍게 그곳을 찾아가게 되었다. 분양 센터에 도착하자마자, 나는 그곳을 가득 메운 귀엽고 사랑스러운 고양이들이 한눈에 들어왔다. 여러 색깔과 모습, 다양한 성격을 가진 것으로 보이는 고양이들은 자신만의 고유한 매력을 뽐내며, 나를 향해 호기심 어린 눈길을 보냈다. 어떤 고양이는 조용히 내 시선을 피하며 구석에 앉아 있었고, 어떤 고양이는 창가에 누워 졸고 있었다. 또 다른 고양이는 우렁

차게 울어대며, 마치 나를 불러 세워 자신의 존재를 알아보라고 하면서 애정을 갈구하는 듯했다.

흰색의 고양이는 우아하고 청초해 보였고 회색의 고양이는 고요한 눈빛을 지니고 있었으며, 얼룩덜룩한 무늬를 가진 고양이는 활기차고 장난스러워 보였다.

귀가 접힌 고양이, 크고 둥근 눈을 가지고 있는 고양이, 털이 전혀 없거나 털이 덥수룩한 고양이 등 모습이 각기 다른 품종의 작은 고양이들은 마치 저마다의 다양한 이야기와 사연을 가지고 있는 것처럼 보였다.

여러 고양이 사이에서 시선을 끌며 눈이 마주친 고양이가 있었는데, 털색은 갈색이며, 이마에는 M자 무늬가 있는 작은 고양이였다. 분양 센터 직원에게 물어보니, 품종은 아비시니안(Abyssinian)이라고 했다. 성격은 매우 활발하고 호기심이 많은 품종으로 늘 주변을 탐험하고 관찰하는 경향이 있다고 했다. 이 고양이들은 높은 지능을 가지고 있어 새로운 것에 관심이 많으며, 장난감을 가지고 노는 것을 좋아한다고 했다. 원산지는 아프리카의 '에티오피아'라고 하니 머나먼 나라에서 온 고양이였다.

    나중에 책을 통해서 알았지만, 피라미드에서 출토된 고양이 조각상들은 아비시니안을 매우 닮았으며, 고대 이집트 벽화에서도 비슷한 고양이의 모습을 확인할 수 있다고 한다. 눈 주변에 아이라인과 비슷한 선이 있는데, 이것이 이집트 벽화에 보이는 짙은 눈 화장의 원조가 되었다는 설까지 있을 만큼, 고대 이집트에서는 아비시니안이 신성시되었다고 한다. 그래서 때로는 "이집트 고양이"로 불리기도 한단다. 대단한 혈통을 가지고 있는 고양이라는 생각이 들었다.
    아비시니안의 본래 성격이 그래서인지 움직임이 활발했다. 조그마한 녀석이 고양이장 문틀을 붙잡고 열어젖히며 곧 밖으로 나올 듯한 모습이었다.

    고양이를 보기만 하고 집으로 돌아오겠다고 약속했지만, 딸은 그 고양이와 눈을 마주치고는 그 눈망울 속에서 친근감을 느꼈는지, 어느새 빨려 들어가 눈을 떼지 못하는 것이었다. 그러더니 이 고양이와 헤어질 수 없다고 하면서 집으로 데려가자고 애원을 하는 것이었다. 내가 딸을 데리고 가서는 안 되는 곳에 왔다는 생각에 가슴이 덜컥 내려앉으며 무거운 기분이 들었다. 내가 왜 오자고 했을까? 이런 상황이 벌어질 가능성을 충분히 예상했는데, 바보처럼 행동한 나 자신이 답답하고 미웠다.

이러한 상황에서 어떻게 해야 할까? 몇 번이고 생각했지만, 고양이를 입양한다는 것은 나에게는 커다란 부담이었다. 매일매일의 책임감, 예상치 못한 상황들, 그리고 경제적인 부담까지, 현실적인 문제들이 한꺼번에 나를 덮쳐왔다. 또한 가족이 생긴다는 책임은 그 무엇보다도 크게 느껴졌다.

그러나 딸의 간절한 눈빛과 반드시 집으로 데려가겠다는 마음이 컸는지, 눈물까지 흘리는 모습을 본 나는, 더이상 안 된다고만 주장할 수 없었다. 내가 이곳에 데려온 책임을 질 수밖에 없음을 인정하고, 딸과 타협해야 한다는 생각이 들었다. 사랑하는 딸의 소원이라고 하는데, 이것 하나 들어줄 수 없다는 것이 한편으로는 마음이 아팠다.

그래서 딸과 이야기를 나누었다. 아비시니안 고양이 한 마리만 입양하고, 그 이후에는 더 이상 입양을 요구하지 않기로 하며, 고양이 관리의 책임은 전적으로 딸이 맡기로 한다. 또한 매일 밥을 주고 고양이 화장실 청소도 하며, 고양이가 건강하고 행복하게 자랄 수 있도록 돌보기로 한다. 이런 조건에 딸은 망설임 없이 동의하겠다고 말하며, 걱정하지 말라고 자신 있게 대답하고 손가락을 걸며 약속했다.

고양이 사료, 이동장, 모래 등을 챙겨서 고양이와 함께 집으로 돌아오는 길에 머릿속에는 수십 가지 생각이 교차했다. 잘한 결정일까? 아프지 않고 건강하게 잘 자랄 수 있을까? 건강에 이상이 생기면 어떻게 해야 하지? 접종은 어떻게 해야 하나? 그리고 고양이는 주기적으로 털갈이하고, 털이 잘 빠지기에 우리 가족의 건강에 좋지 않은 영향을 주는 것이 아닐까? 딸을 잘 설득해서 다시 돌아가 입양하지 않는 것으로 하면 안 될까? 수많은 생각이 들면서 걱정이 밀려오기 시작했다. 하지만 이미 선택하여 결정을 내린 이상 돌이킬 수 없는 상황이 되었기에, 집에 오는 길은 마음이 무겁고 편안하지 않았다. 점점 더 그 결정이 옳았는지, 혹시 다른 방법은 없었을지 고민이 깊어졌고 마음속에서는 계속해서 불안과 근심이 일었다.

내 마음을 알 수 없는 딸은 신이 나서 입가에는 미소가 끊이지 않고, 세상을 다 얻은 것과 같은 기쁜 표정으로 연신 "아빠 고맙습니다."라고 외치며 난리도 아니었다.

집에 도착해서 문을 열고 거실에 고양이를 내려주자, 낯선 환경에 살짝 긴장한 듯 호기심이 가득한 눈빛으로 주위를 살피며 경계심을 드러냈다. 눈이 커지고 귀가 쫑긋 서며, 작은 소리에도 민감하게 반응했다. 낮고 잔잔한 울음소리로 집 안 곳곳을 탐색하며, 조심스레 한 발 한 발 내디뎠다. 머릿속은 새로운 공간을 이해하려는 생각들로 가득 차고, 몸은 언제든지 도망칠 준비가 되어 있는 듯 긴

장된 모습이 확연했다. 그런데 이러한 낯섦도 잠시, 본래 자기 집에 온 것처럼 이곳저곳을 정신없이 뛰어다니며, 금방 적응이라도 한 것처럼 어디로 숨었는지 모르게 시야에서 사라지곤 했다.

이 작은 생명체가 이제 내 가족이 된다는 사실에 그동안 가지고 있던 동물에 대한 거부감이 조금씩 사라지고 있음을 알게 되었다. 집 안을 돌아다니는 고양이의 동작 하나하나에 온 가족이 집중하면서, 신기하고 사랑스럽다는 생각이 들었다. 그리고 새로운 가족과 함께할 앞으로의 시간이 기대되어, 가족들의 얼굴엔 미소가 번졌다. 이 순간, 동물에 대해 아는 것이라곤 전혀 없었던 나는 이 귀여운 고양이가 우리 가족의 삶에 따뜻한 기운을 불어넣어 줄 것이라는 확신이 들었다.

작고 귀여운 보리

    딸은 고양이에게 이름을 지어주었는데 '보리'라고 부르자고 하였다. 밤을 좋아했던 딸은 고양이의 털색이 잘 익은 밤톨과 비슷한 갈색이라서 밤톨이라고 하고 싶었지만, 그렇게 부르는 것은 싫고, 잘 익은 보리 이삭처럼 따뜻하고 부드러운 황금빛을 띠고 있어, 그 색감과 어울리는 보리라는 이름을 지어주었다. 그 이름은 단지 색깔에서 비롯된 것이 아니라, 고양이가 주는 따스함과 평화로운 느낌도 함께 담고 있었다.

 매일 사료와 물을 주고 화장실을 치우며, 종종 목욕도 시키고 갓난아이를 키우는 것처럼 할 일이 꽤 많았다. 냄새에 민감한 나는 고양이의 배변 냄새에 적응하기가 어려웠고, 털로 인해 재채기도 하고 불편함이 이만저만이 아니었다.

 고양이는 영역 동물이기에 자신만의 영역을 확보하고 표시하기 위해, 페로몬과 소변을 이용한 마킹을 하는 등 다양한 방법으로 마킹을 한다고 한다. 또한 긁기를 통한 마킹은 물리적인 흔적을 남길 뿐만 아니라, 페로몬을 물건에 묻혀 영역을 표시하는 역할을 한다고 한다. 이 녀석도 다른 고양이와 마찬가지로 영역 표시를 위해 집 안 구석에 소변을 누는 경우가 종종 있었고, 소파와 벽지를 긁어놓는 행동을 하여, 뒤처리해야 하기에 힘든 점이 많았다. 그리고 먼지가 쌓인 소파 밑이나 서랍장 아래로 자꾸 들어가서 나오지 않으려 했다. 그럴 때마다 나는 억지로 보리를 끌어내곤 했는데, 마음 한편으론 보리와 더 많이 놀아주지 못한 것에 미안함이 자리 잡고 있었다. 그저 보리가 더 활발하게 움직이기를 바라는 마음에 방치한 것이 아닌가 하는 생각도 들었다.

이런 행동이 반복되자 어느 날 보리의 몸에 이상한 증상이 나타났다. 눈과 피부에 염증이 생겼고, 처음에는 대수롭지 않게 여겼지만, 점차 심해져서 결국 동물병원에 데려가게 되었다. 처음으로 가는 동물병원은 왠지 쑥스럽고 낯설었다. 동물을 키우지 않았을 때 다른 사람들이 동물을 안고서 병원에 가는 모습을 보면, 쉽게 이해하기 어려웠기에 막상 나에게 이런 상황이 오니 그런 마음이 들었던 것 같았다.

간호사에게 고양이의 이름과 나이, 품종 등을 이야기하고 진료 카드를 작성한 후, 수의사에게 보리를 보여주었다. 진찰을 받은 결과, 바이러스로 인한 염증과 피부병이라는 진단이 나왔고, 그에 따른 먹는 약과 눈에 넣는 약을 처방받았다. 반려동물에게는 의료보험 적용이 안 되기에 병원비가 생각한 것 이상으로 나왔다. 이렇게 빠른 시간 내에 예상하지 않았던 질병이 발생하여 치료를 위한 비용이 발생하고, 당분간 계속해서 병원에 방문해야 한다는 수의사의 말에, 반려동물에 대한 책임이 너무나 크다는 사실을 새삼스럽게 깨달았다. 누군가가 말했던 것처럼, 동물을 키우기 위해서는 공부와 부지런함, 그리고 인내가 필요하다는 것을 실감하게 되었다. 그 모든 것이 한 생명을 책임지는 일의 무게라는 것을, 다시 한번 깊이 이해하게 되었다.

병원에서 집으로 돌아온 후, 나는 평소 잘 닿지 않는 소파 밑, 서랍장 아래와 같은 구석구석을 나름대로 열심히 청소했다. 보리가 아니었다면 절대 신경 쓰지 않았을 곳들까지도 손을 댔고, 그것은 생각보다는 힘이 들었다. 하지만 힘들다는 생각을 넘어, 이 청소가 보리를 위한 것이며, 결국 나와 가족을 위한 일이라는 마음이 들면서 오히려 감사함을 느꼈다. 보리의 건강을 돌보는 일이 내 생활까지도 새롭게 정리하고 돌아보게 만든 것이었다.

연륜이 쌓인 보리

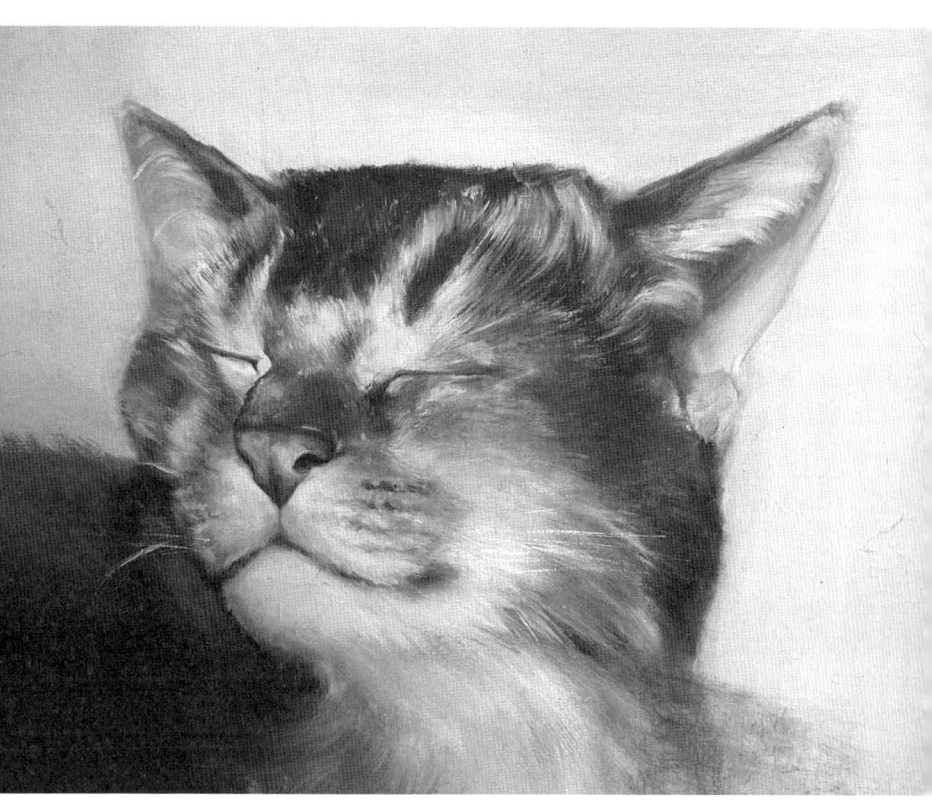

돈나

돈나

 보리의 염증과 피부병은 단기간에 좋아지지 않았기에 동물병원을 수개월 동안 다니게 되었다. 나는 딸과 함께 몇 번은 병원에 방문했지만, 나에게 일이 생겨서 병원에 같이 갈 수 없는 상황이 되었다. 그래서 아내와 딸이 동물병원에 보리를 데리고 갈 수밖에 없었다.

 그날도 보리와 함께 병원에 갔는데, 조그만 우리나라 고양이가 있었다고 한다. 딸은 고양이를 너무나 좋아해서 그 고양이를 쓰다듬고 이뻐했던 것 같다. 이 모습을 본 수의사는 며칠 전, 동네 아주머니께서 병원 근처에서 혼자 외롭게 비를 맞으며 울고 있는 새끼 고양이를 발견했다고 했다. 아주머니는 그 모습을 보고 그냥 지나치기가 너무 안타까워 동물병원에 맡겼다고 한다. 그러면서 수의사는 딸에게 "집으로 데려가 며칠 돌보고, 다시 병원에 데려다주면 어떻겠느냐."고 제안했다고 한다. 또한 건강에도 이상이 없으니 걱정하지 말라는 이야기도 덧붙였다고 했다. 그런데 입양하는 사람이 없으면 안락사시킬 수밖에 없다는 말도 들었다고 한다. 이 말을 들은 딸은 새끼 길고양이의 처지를 생각하며, 마음이 너무 아파, 결국 수의사의 제안에 동의하고 고양이를 집으로 데려왔다는 것이다.

집에서 그 고양이를 처음 마주친 날도 비가 많이 내렸고, 주변의 소리가 잘 들리지 않던 날이었다. 몸이 안 좋은 나는 거의 방에서만 생활했기에, 밥을 먹거나 화장실을 갈 때를 제외하고는 방에서 나오는 일이 거의 없었다. 그날 저녁, 우연히 방문을 열었다. 그런데 문이 열리자마자 뜻밖의 풍경이 눈앞에 펼쳐졌다. 문 바로 앞에서 눈을 동그랗게 뜨고, 나를 바라보는 작은 새끼 고양이를 발견하게 되었다. 아직 부드럽고 솜털 같은 하얗고 검은 털을 가진, 태어난 지 몇 개월 되지 않은 듯한 고양이였다. 그 작은 몸이 희미하게 떨고 있는 것 같았다. 나는 순간 멍해졌다. 새끼 고양이가 어떻게 내 방 앞에 있는지, 내가 지금 보고 있는 것이 꿈인지 현실인지 판단할 수 없었다.

얼마 지나지 않아 아내와 딸이 서둘러 내게 다가와 설명했다. 알고 보니 길고양이를 병원에서 집으로 데려와 몰래 돌보고 있었던 것이었다. 그동안 내 눈에 안 띄게 하려고 다른 방에다 놓고 보살피고 있었는데, 내가 밖으로 나오지 않을 것 같아서 잠시 방문을 열어주었다고 한다. 그래서 우연히 나와 마주치게 된 것이었다.

아내와 딸은 새끼 길고양이를 집에 데려온 것을 내가 알게 되면, 당장 병원에 데려다주라는 불호령이 떨어질 것이 분명했기에 다른 방에다 숨겨놓았다고 말했다. 딸은 안절부절 어쩔 줄 모르면서 병원에 데려다주면, 이 고양이는 안락사하게 된다고 하면서, 우리 집에서 같이 지낼 수 있도록 허락해 달라고 사정하는 것이었다.

고양이 한 마리만 키우기로 약속한 지 겨우 일 년 정도밖에 지나지 않았는데, 이런 일이 생기다니 정말 난감했다. 예상하지 못한 상황이었고 마음의 준비가 전혀 되어 있지 않았다. 더구나, 몸이 불편한 나는 일상적인 일도 버거운 상태였기에, 어떻게 해야 할지 결정할 만한 정신적 여유가 없었다. 그리고 내 건강 이외의 다른 것에 대해 신경을 쓸 수 없었기에, 나는 그저 무거운 심정으로 딸과 아내에게 알아서 하라는 말밖에 할 수 없었다.

이러한 상황에서는 당연히 새로운 가족으로 맞이해야 할 것이 뻔한데, 그 당시에는 아무런 생각도 없었고 그 어떤 것에도 관심을 가질 수 없었다. 그래서 또 하나의 가족이 생겼다.

어린 시절의 보리와 돈나

    길고양이의 이름이 '돈나'란다. 이름을 처음 들었을 때는 돈이 나오는 고양이인가? 하는 농담을 던져보기도 했다. 딸에게 왜 그런 이름을 붙였냐고 물어보았더니, 사실 돈나는 이미 동물병원에서 그렇게 불리고 있었다고 한다. 병원의 간호사들이 길고양이 얼굴의 코 아래에 있는 작은 점을 보며, 그것이 마치 미국의 유명 가수인 '마돈나'

얼굴에 있는 점과 비슷하다고 생각했다고 한다. 그래서 간호사들은 자연스럽게 이 길고양이에게 '돈나'라는 이름을 붙여주었다고 한다. 이 이야기를 들었을 때 웃음이 나기도 했지만, 재치 있는 이름이고 신기하게도 잘 어울린다는 생각이 들었다.

돈나라는 이름은 친근하고 발랄한 느낌을 주면서도, 그녀의 외모를 잘 떠올리게 해준다. 얼굴에 있는 작은 점이 돈나만의 개성을 드러내며, 그녀를 한 번 본 사람이라면 쉽게 잊을 수 없는 인상을 남긴다. 이 이름 덕분에 돈나는 사람들의 기억 속에 더 깊이 새겨지고 있다는 생각이 든다.

꽃향기를 맡고 있는 돈나

돈나는 길고양이라서 그런지 어릴 적부터 사람에 대한 경계심이 컸다. 돈나의 이러한 행동을 보면서, 나는 이 고양이가 어떤 환경에서 태어났는지 종종 생각하게 된다. 그녀가 어떻게 지금의 신중함과 예민함을 갖게 되었는지, 어떤 경험들이 그녀를 이렇게 경계심 많은 고양이로 만들었는지 정확한 이유는 알 수 없지만, 태어나자마자 엄마와 떨어져 길가에 홀로 남겨지게 되었다는 사실이 그 원인일 수도 있다고 생각했다.

돈나와의 첫 만남은 생각만 해도 가슴이 아려온다. 그날 내 눈앞에는 생각하지도 않았던 한 마리의 고양이가 있었다. 초록빛 눈동자가 나를 응시하고 있었다. 그 눈동자에는 두려움이 서려 있었고 그녀의 눈빛이 날카롭고 번뜩이면서, 그르렁거리는 소리와 함께 금방이라도 달려들 것 같았다. 나는 너무도 놀란 나머지 그 자리에서 비명을 질러버렸다. 소리는 매우 컸다. 소리를 내고 나서야 내가 무슨 일을 저질렀는지 파악하게 되었다.

그 순간, 돈나는 온몸을 경직시키더니 벼락처럼 빠르게 움직여 어디론가 사라졌다. 그 작은 몸이 내 눈앞에서 사라지기까지는 단 몇 초도 걸리지 않았다. 그리고 그날 이후로 그녀는 내 앞에 편안하게 모습을 드러내지 않았다.

돈나가 나를 피하기 시작한 것은 아마 그때부터였을 것이다. 나는 내가 낸 소리가 그녀에게 얼마나 큰 충격이 되었을지 상상조차 하지 못했다. 그런데 그 소리가 그녀에게 깊은 상처를 남긴 것 같았다. 돈나는 그 이후로도 항상 나를 경계했다. 내가 방 안에서 움직일 때마다 그녀는 내 움직임에 즉각 반응했고, 내가 조금이라도 가까워지면 본능적으로 몸을 낮추고 멀리 도망쳤다. 그녀의 행동은 단순한 두려움이라기보다는 트라우마로 인한 것으로 보였다.

돈나는 특히 내 목소리에 유난히 민감하다. 내가 말을 할 때마다 그녀의 눈동자가 빛나며, 그 반사신경은 긴장된 줄다리기를 시작한다. 내가 내는 조그마한 소리에도 몸을 움츠리면서 어디론가 피할 준비를 하고 있다. 그녀는 내 존재를 항상 인지하고 있으며, 내가 조금이라도 가까워지려 하면, 이미 자세를 잡고 살그머니 자리를 옮긴다. 그 움직임은 마치 연습이라도 한 듯 매끄럽고 매우 신속하다.

돈나는 사람의 손길을 쉽게 허락하지 않지만, 딸에게만큼은 전혀 다른 태도를 보였다. 마치 동물병원에서 집으로 데려와 자신을 구해준 사람이 누구인지 잊지 않고 있다는 듯이, 딸이 다가올 때면 그녀는 마음을 활짝 열었다. 딸 앞에서 돈나는 전혀 다른 고양이가 된다. 평소에는 거리감을 두고 자신의 영역을 지키던 그녀가 딸 앞에서는 마치 어린 시절의 고양이로 돌아간 듯, 온몸으로 애정을 표현한다. 언제나 몸을 쓰러뜨리고 귀엽게 몸을 굴리며 애교를 부린다. 마치 "나를 잊지 말아줘."라고 말하는 것처럼, 딸의 사랑을 독차지하고 싶어 하는 모습이 역력하다.

돈나를 통해 나는 고양이도 사람처럼 자신의 감정과

욕망을 지닌 존재임을 깨닫게 된다. 그녀는 사랑받고 싶고, 그 사랑을 독차지하고 싶어 하는 욕심이 많은 고양이다.

태어나자마자 엄마와 가족으로부터 떨어져 혼자가 된 돈나는, 세상과의 이별을 너무 빨리 겪었고, 그로 인해 외로움이라는 감정을 누구보다 빨리 인지하게 된 고양이였다. 그런 돈나는 자기 자신만을 사랑할 수밖에 없었던 것처럼 보였다. 어쩌면 그녀는 자신을 보호하고, 관심을 받기 위해 자기 사랑을 강하게 키워온 것이 아닐까? 하는 생각이 들었다.

돈나는 딸에게서 사랑받기 위해 애쓰지 않아도 이미 그 사랑을 독차지하고 있다는 것을 알고 있는 듯, 당당하게 애교를 부린다. 그러나 이 애교는 단순한 생존 본능 이상의 감정이 담겨 있다. 돈나가 보여주는 행동은 어쩌면 딸에게 표현할 수 있는 가장 큰 사랑의 방식일지도 모른다. 그녀는 자신의 상처와 외로움을 딸과 함께 치유하고 있으며, 딸의 관심과 사랑을 통해 잃어버린 가족의 자리를 조금씩 채워나가는 것 같았다. 딸이 돈나에게 있어 단순한 보호자가 아니라, 외로움 속에서 구해준 특별한 존재이기에 돈나는 딸에게 애착을 보이고, 딸의 사랑을 독차지하고 싶어 하는 마음을 가진 것이다.

이러한 '돈나'와 친해진다는 것은 정말 어려운 일이었고, '돈나'에게 나는 변함없이 항상 경계의 대상으로 함께 지내왔다. 집에 누군가가 찾아오면, 그녀가 어느새 재빠른 걸음으로 사람이 접근할 수 없는 높은 곳으로 올라가 있거나, 아니면 손이 닿지 않는 곳으로 몸을 피하는 모습을 볼 때마다, 돈나가 태어난 환경이 지금의 그녀를 만들었다는 생각을 떨칠 수 없었다.

예민하고 섬세한 돈나

돈나가 언제나 나를 경계의 눈빛으로 바라보는 것이 마음 아팠다. 그녀가 눈에 띌 때마다 나는 조용히 그녀를 향해 다가가려고 했지만, 돈나는 그럴 때마다 더욱 멀리 달아났다. 내가 한 발자국이라도 내딛기만 하면, 그녀는 열 발자국을 물러났다. 나와 돈나의 사이에는 신뢰의 다리가 아닌, 보이지 않는 두려움의 벽이 가로막고 있었다. 그녀의 트라우마는 내가 생각했던 것보다 훨씬 깊은 것 같았다. 그 소리 한 번으로 돈나의 마음속에 얼마나 큰 두려움이 새겨졌는지, 나는 알게 되었다. 나는 그 소리를 기억하고 있지 않았지만, 돈나는 그 순간의 충격을 결코 잊지 못하고 있었다. 그녀에게 나는 위험하고 두려운 존재로 각인되어 버린 것이다.

나는 돈나와의 거리를 줄이기 위해 여러 가지 방법을 시도해 보았다. 간식을 주기도 하고, 그녀가 좋아하는 장난감을 가지고 조용히 놀아보기도 했다. 그러나 돈나는 그 모든 시도에도 불구하고 나를 향한 경계를 풀지 않았다. 그녀는 나를 볼 때마다 몸을 움츠리고, 가급적이면 나와의 시선을 피했다. 그녀의 눈동자에 비치는 것은 신뢰가 아닌, 여전히 그날의 충격이었다. 시간이 더 흐른다면, 돈나가 내 곁에서 조금이라도 마음을 열고, 나와 함께 시간을 보낼 수 있을까? 그러나 나는 그 질문에 답을 얻지 못했다. 그녀가 나를 경계하는 이유를 알기에, 나는 그 거리를 좁히는 것이 쉽지 않을 것이라는 사실을 받아들일 수밖에 없었다.

지금도 돈나는 내가 내쉬는 작은 숨소리도 느낄 만큼 예민하다. 그래서 나는 그녀 앞에서는 작은 목소리로 대화하고, 움직임과 발걸음마저 가벼이 하기도 한다. 그런 날들이 반복되면서 나 역시도 돈나처럼 예민해지고, 조심스러워지는 나를 발견한다. 마치 그녀의 경계심이 나에게도 스며드는 것만 같다. 그럼에도 불구하고, 나는 그녀가 나에게 조금이라도 마음의 문을 열어주기를 기대한다. 그 신뢰의 문턱을 넘기까지는 시간이 오래 걸리겠지만, 그 기다림이 헛되지 않기를 바라며, 나는 매일 돈나에게 조심스레 다가간다.

한편으로 돈나의 회피는 그녀가 세상과 마주하며 살아가는 자신만의 방식이고 사람들을 대하는 그녀만의 방법이며, 그 속에서 그녀는 자신의 안전을 지키고 있다는 생각을 해본다. 돈나가 나를 경계하는 것은 그녀의 방식으로 나에게서 조금씩, 아주 조금씩 거리를 두고 있다는 신호일지도 모른다. 그래서 나는 돈나의 이러한 경계심을 이해한다. 그녀가 나를 완전하게 신뢰하지 않아도 괜찮다. 그저 돈나가 조금씩 나와 함께 시간을 보내며, 그녀의 속도로 나를 받아들일 수 있기를 바랄 뿐이다.

조심스러운 돈나

포레, 그리고 레이

포레, 그리고 레이

지금으로부터 약 11년 전 우리 집에 또 새로운 가족이 왔다. 아내가 딸과의 약속으로 인해 분양하는 곳에서 데려온 고양이였다. 딸은 그림을 그리는 것을 좋아하고 재주가 있어서 예술학교에 진학하고자 초등학교부터 입시를 준비하고 있었다. 어린 나이에 입시로 인해 힘들어하는 모습에 아내는 동기부여를 위해 딸에게 원하는 것이 무엇인지 말해보라고 했다. 사실 이미 결과를 예측할 수 있는 일이었다. 딸은 어릴 때부터 고양이를 무척이나 좋아했고, 집에서도 고양이와 함께 시간을 보내는 것을 큰 위안으로 여겼다. 아내의 질문에 딸은 망설임 없이 고양이를 한 마리 더 키우고 싶다고 답했다고 했다. 그래서 약속한 것이란다. 그 이야기를 들었을 때, 나는 너무나도 어이가 없었고 이런 방법은 올바르지 않다는 것을 알고 있었지만, 아내는 딸이 원하는 것을 들어주는 것이, 그저 단순한 보상이 아니라, 딸에게 힘을 주고 정신적인 어려움에 위로를 줄 수 있을 것이라는 믿음으로 동의했다고 한다.

집으로 데려온 고양이는 다리가 극단적으로 짧은, 귀엽고 독특한 외모를 가진 먼치킨이라는 돌연변이 품종이었다. 하얀 털에 반짝이는 눈빛을 가진 그 아이는 처음 만났을 때부터 우리 가족들의 마음을 사로잡았다. 작은 다리로 어슬렁거리는 모습이 너무나 사랑스러웠고, 그 순수한 눈빛은 마치 세상 모든 것이 새롭고 신기한 것처럼 보였다.

하지만 기쁨은 오래가지 않았다. 집에 온 지 며칠 되지 않아, 그 아이의 건강에 이상이 생기게 되었다. 병원에서 진단을 받고 치료를 시도했지만, 안타깝게도 상황은 나아지지 않았다. 결국, 그 아이를 분양한 곳으로 다시 보낼 수밖에 없다는 결정을 내리게 되었다. 그 아이를 보내고 난 후, 우리 집으로 오게 된 또 다른 두 마리의 고양이였다.

딸과 아내는 분양하는 곳에 가서 분양장 한편에 있는 한 고양이와 눈이 마주쳤다고 한다. 그 순간 딸과 아내는 마음속 깊은 곳에서 묘한 감정이 일렁였다고 한다. 그 작고 둥근 눈동자는 세상의 모든 희망과 고독이 담긴 듯 너무나 초롱초롱하게 빛나고 있었다고 한다. 마치 "나를 알아봐 줘, 나도 너희와 같은 가족이 될 수 있어."라고 말하는 것처럼 느껴졌다고 한다. 그 눈빛은 강렬하면서도 애틋했고, 말로 표현할 수 없을 만큼 진실하고 간절하게 보였다고 한다. 그 무언의 호소와 애절한 눈동자를 외면할 수 없어서 집으로 데려오게 되었다고 했다.

또 다른 한 마리는 너무나 조용히 앉아 있었는데 지친 듯 몸이 좀 처져 있었고, 어딘가 모르게 초라해 보였다고 한다. 사람들이 있었지만, 아무도 그 고양이에게는 눈길을 주지 않았다고 한다. 그 고양이는 그 누구도 자신을 찾지 않을 것이라는 체념이 깃든 눈빛으로 멍하니 앞을 응시했다고 한다. 아내는 고양이의 힘없고 조용한 모습이 오히려 귀여웠으며, 더 많은 사연을 담고 있는 것 같다는 생각이 들었다고 했다. 그리고 무관심 속에서 홀로 그 자리를 지키고 있는 고양이는 누구보다도 간절히 가족을 기다리는 마음을 숨기고 있는 것처럼 보였다고 했다. 이 모습을 보고 있던 분양 센터의 직원은 이 고양이가 윤기 나는 멋진 털을 가지고 있고, 우수한 혈통을 지닌 특별한 고양이라고 자랑하며 아내에게 입양을 권했다고 했다.

집 안에 생명체가 하나 추가된다는 것만으로도 엄청나게 큰 변화인데, 한 번에 두 마리를 데리고 오다니, 정말 어떻게 해야 할지 가슴이 답답하고 잠시 정신이 멍할 수밖에 없었다. 동물을 좋아하지 않았던 나에게 이런 일이 발생하다니 어처구니가 없었고, 우리 집이 점점 고양이 놀이터와 그들의 집으로 변해가고 있는 모습에 눈앞이 캄

캄했다. 그런데 어찌할 도리가 없었다. 데려온 고양이를 다시 보낼 수도 없는 상황이었다. 결국 나에게 남은 선택지는 두 마리의 고양이들을 가족으로 받아들이는 것뿐이었다.

집으로 온 한 고양이는 노르웨이숲(Norwegian Forest Cat)이라는 품종이다. 이 고양이는 바이킹의 전설과 신화에도 등장한다고 한다. 추위가 심한 북유럽, 특히 노르웨이의 자연환경에서 유래한 자생적인 품종이며, 이 고양이는 눈 속을 뛰어다니며 놀 만큼 추위에 강한 것으로 유명하단다. 또한 오랜 세월 동안 농촌 지역에서 쥐를 잡는 역할을 해왔다고 한다. 성격은 다정하고 사교적이어서 사람들과 잘 어울리기도 하지만, 혼자 있는 것도 의외로 잘 견딘다고 한다.

단번에 보기에도 멋지고 풍성한 피모를 가지고 있는 장모종이다. 수사자와 같이 목과 가슴에 긴 털이 특징이고 꼬리에도 털이 풍성하여 너구리처럼 생긴 특징을 가지

부드럽고 풍성한 털을 가진 포레

고 있다. 방수성이 뛰어난 풍성한 커버코트와 공기를 함유하기 쉽도록 양이 많고 곱슬거리는 언더코트의 더블코트를 가졌으며, 스웨터를 짤 수 있을 정도로 털이 많다. 그래서 그런지 털을 만지면 매우 부드럽고 촉감이 좋으며, 따스한 기분이 든다.

 털이 숲처럼 풍성해서 이름을 '포레'라고 부르기로 했다. 포레는 집에 없는 것처럼 느낄 정도로 너무나도 조용한 고양이다. 항상 어딘가에 조용히 혼자 앉아 있거나 잠을 자는 모습을 많이 본다. 그런데 별 탈 없이 귀엽게 자라던 포레가 우리 집으로 입양된 후 2년 정도의 시간이 지나자, 갑자기 이상한 증상이 나타났다. 그의 작은 몸이 경련을 일으키고, 눈이 흔들리며 무언가를 보고 있는 것처럼 허공을 응시하며 발작 증세를 보였다. 그때까지 다른 고양이들에게서는 볼 수 없던 증상이었기에, 무슨 일인지 알 수 없었고 어떻게 할지를 몰랐다. 나는 너무나 당황스럽고 혼란스러웠다. 잠시 정신을 차린 다음에 내가 포레에게 해줄 수 있는 것이 무엇일까 생각해 보았지만, 그것은 당연히 동물병원에 데리고 가서 검진을 받는 것이었다.

포레를 이불에 싸서 안고 집에서 가장 가까운 동물병원을 찾아갔다. 수의사는 포레의 상태를 보고 간단히 진찰한 뒤, 정확한 검사와 진단을 위해서는 종합검진이 필요하므로 검사 장비가 갖춰진 병원으로 가야 한다고 했다. 그러면서 다른 동물병원을 소개해 주었다.

서둘러 차를 돌려 소개한 병원에 찾아갔다. 가자마자 뇌를 촬영하고 여러 가지 검사를 해본 결과, 수의사는 고양이가 유전적으로 뇌질환을 앓고 있다고 진단했다. 그는 이 질환에 대해 자세히 설명하며, 지속적인 약물 치료가 가장 좋은 방법이 될 것이라고 말했다. 또한 뇌질환으로 인한 발작이 앞으로도 계속될 수 있다는 사실을 덧붙였다. 그 말을 듣는 순간, 내 머릿속이 하얗게 되었다. 아무리 치료를 받고 약을 먹이더라도 발작은 언제든지 반복될 수 있다는 현실이 너무나도 잔인하게 느껴졌다. 그 고통스러운 상황을 받아들이는 것이 너무나도 힘들었다.

그 이후로 세월이 흘러도 여전히 포레에게 약을 먹이고 있다. 수의사가 말했던 것처럼, 평생에 걸쳐 약을 먹여야 한다는 현실을 마주하면서, 그것이 우리 가족이 할 수 있는 유일한 방법임을 인정할 수밖에 없었기에 어찌할 수 없는 일이었다.

건강한 고양이를 데리고 왔으면 이런 일이 발생하지 않고, 치료비 부담도 없었을 것이라는 생각이 들었다. 또한 앞으로 어떤 일이 발생할지 불확실함이 너무 커 보였기 때문에 기분이 좋지 않았다.

나는 아내에게 당장 분양을 받았던 곳에 찾아가서, 우수한 혈통을 가지고 있다고 소개했던 고양이가 유전적으로 문제가 있다는 진단이 나왔으니 치료비를 부담하라고 요구해야 한다고 단호하게 이야기했다. 심지어는 포레를 그곳에 데려다주라는 말까지 했다. 그러나 아내와 딸의 반응은 나와 너무나 달랐다. 그들은 이미 포레와의 시간이 너무나 소중해졌다고 했다. 그들이 말하는 그 시간은 단순히 몇 년이라는 숫자에 불과한 것이 아니었다. 그 시간 속에는 포레와 함께한 모든 순간들이 담겨 있었다. 처음 포레를 집으로 데려왔을 때의 설렘, 포레가 집 안 구석구석을 탐험하며 보여줬던 호기심 어린 눈빛과 움직임, 이 모든 것이 그들에게는 무엇과도 바꿀 수 없는 소중한 시간이 되어 있었다.

나에게는 포레가 아프고 부담스러운 존재로 다가왔지만, 그들에게는 포레가 그저 아픈 고양이가 아니었다. 그가 아프든 건강하든, 이미 그들의 삶 속에 포레는 중요한 부분이 되어 있었다. 이제 와서 포레를 다른 곳으로 보낸다는 것은 그들에게 상상조차 할 수 없는 일이었다. 그들의 목소리 속에는 깊은 사랑과 애착이 느껴졌다. 그들은 포레와 함께한 시간이 너무 소중하기에 그를 떠나보낼 수 없다고 말했지만, 그 안에는 포레의 아픔을 함께 짊어지겠다는 다짐도 포함되어 있었다.

나는 딸과 아내의 이야기를 어느 정도 이해하면서도, 여전히 현실적인 부담에서 벗어날 수 없었다. 앞으로의 병원비와 치료 과정은 어떤 것일지, 우리는 그것을 감당할 수 있을지, 이러한 일로 인해 우리 가족의 일상이 어떻게 변화할지에 대한 걱정이 머릿속에서 떠나질 않았다. 딸과 아내는 그저 "잘 돌보자."라며 나를 설득했지만, 나는 그런 감정적인 결정이 옳지 않다는 생각에 계속해서 그들의 의견에 동의할 수 없었다.

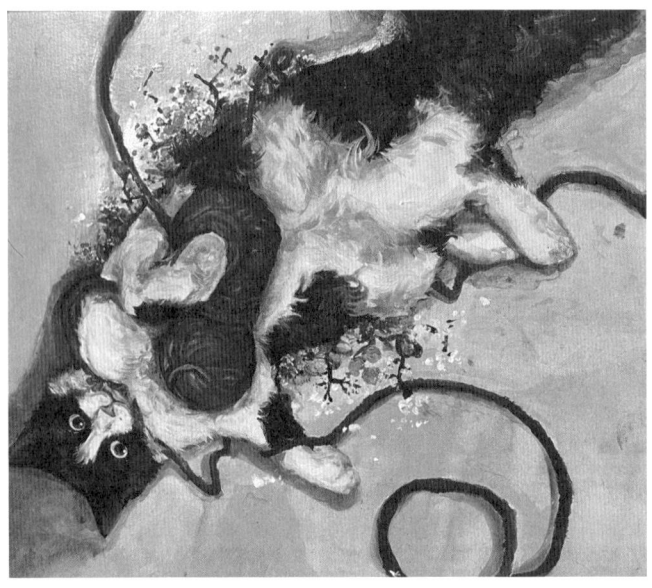

재미있게 놀고 있는 포레

포레의 발작은 배뇨를 동반하기 때문에 그 소변 냄새는 방 안을 가득 채웠다. 바닥에 남은 자국을 보며 한숨을 내쉬었다. 고양이에게 소변 문제는 흔한 일이 아니었지만, 포레의 경우는 달랐다. 매번 발작이 있을 때마다 그 뒤처리를 해야 하는 나 자신을 발견하게 되었다.

처음에는 그저 청소하는 것이 힘들다고 느꼈다. 바닥에 있는 소변을 닦고, 이불을 세탁하는 것이 점점 나에게 짜증이 나는 일로 다가왔다. 시간이 지나면서 포레의 발작 빈도도 늘어났다. 더구나 그 냄새는 며칠 동안 지속되기에 불편한 감정이 쉽사리 가라앉지 않았다. 그와 함께 지내는 것이 불편해질수록, 나는 솔직히 포레를 보기가 싫어졌다. 같이 생활하지 않았으면 좋겠다는 생각까지 들었다. 나는 그의 고통을 이해하지 못하고 그를 멀리하고 싶어졌다.

다른 한 고양이는 얌전하고 우아한 고양이의 상징인 러시안블루(Russian Blue) 품종이었다. 슬림한 체형과 신비한 에메랄드 눈동자, 블루그레이의 모색이 인기가 많아 사람들이 많이 키우는 고양이라고 한다. 새끼 때 황금색이던 눈은 성장하면서 초록색으로 바뀐다고 한다.

기원은 러시아 북부의 아르한겔스크(Archangelsk)라는 도시에서 시작된 것으로 추정된다고 한다. 그래서 "아르한겔스크 고양이"라고 불리기도 했지만, 오늘날에는 러시안블루라는 이름으로 가장 널리 알려져 있다고 한다.

이 고양이들은 1860년대 러시아 선원들에 의해 영국으로 처음 데려와졌고, 현재의 러시안블루는 영국이나 스웨덴 브리더(우리나라에서는 개나 고양이의 혈통 관리 및 분양을 하는 사람들에게 주로 쓰인다)들의 노력으로 지금과 같은 모습으로 개량되고 품종으로 데뷔했다고 한다. 북쪽 출신이기 때문에 언더코트가 풍성하고 더블코트이며, 실크처럼 조밀한 피모는 특유의 블루 컬러를 한층 돋보이게 한다. 성격은 예민하고 수줍은 면이 있지만, 온화하고 차분하며 울음소리가 작고 얌전한 성질을 지닌 고급스러운 고양이라고 한다.

일반적으로 얌전한 고양이라고 했지만, 이 고양이는 얌전하기보다는 오자마자 열심히 뛰어다니며, 겁도 없이 나에게 달려들면서 머리로 들이밀곤 했었다. 너무나도 활발한 고양이였으며, 백과사전에 설명된 내용과는 다른 행동도 하는 고양이였다.

그레이 색을 띠고 있어서 '레이'라는 이름을 붙여주기로 했다. 이름처럼 부드럽고 은은한 매력을 지닌 레이는 활발한 성격을 가지고 있어서 그런지 나를 너무나 잘 따르는 고양이였다. 이름을 부르거나 손짓을 하면 항상 나에게 다가왔고, 마치 기다렸다는 듯 옆에 앉아 애정을 표현했다. 그녀의 다정한 눈빛을 바라보며 부드러운 털을 쓰다듬을 때마다, 레이는 나에게 더없이 친근하고 따뜻한 존재가 되어주었다.

배 위에
올라온 레이

고양이가 사람에게 친근함을 표현하는 표현은 다양하다고 하는데, 행동 하나하나에는 고양이의 감정과 의도가 담겨 있다고 한다. 친근함을 나타내는 몇 가지 행동을 보면, 첫째는, 머리를 부딪히거나 비비기인데 고양이가 머리를 사람의 몸에 부딪히거나 문지르는 행동은 매우 친밀한 표현이라고 한다, 이는 고양이가 자신의 페로몬을 사람에게 남기면서 "너는 내 가족이야."라는 메시지를 전달한다고 한다. 이 행동은 특히 고양이가 매우 신뢰하고 좋아하는 사람에게 많이 보인다고 한다.

두 번째는 꼬리를 꼿꼿하게 세우는 것인데, 고양이가 다가올 때 꼬리를 곧게 세운다면, 이는 매우 긍정적인 신호라고 한다. 꼬리가 세워져 있는 것은 고양이가 자신감을 느끼고 있으며, 사람에게 반가움을 표시하는 것이라고 한다. 꼬리 끝이 살짝 구부러져 있는 경우 특히 더 친근한 표현이라고 한다.

세 번째로는 골골 소리를 내는 것이다. 고양이가 사람 옆에서 골골송을 부르면, 이는 매우 편안하고 행복한 상태를 나타낸다고 한다. 이 소리는 고양이가 편안함을 느끼며, 사람과 함께 있는 시간을 즐기고 있다는 의미라고 한다.

네 번째는 무릎이나 옆에 앉아 있는 것인데, 고양이가 사람의 무릎에 올라와 있거나, 옆에서 몸을 기대는 행동도 매우 친밀한 표현이라고 한다. 고양이는 자기방어 본능이 강한 동물이기 때문에, 이런 행동은 사람을 매우 신뢰하고 있다는 것을 의미한다고 한다.

다섯째는 눈을 천천히 깜빡이기인데, 고양이가 눈을 천천히 깜빡이는 것은 "고양이의 키스"라고도 불린다고 한다. 이 행동은 사람을 믿고 좋아하며, 편안함을 느낀다는 것을 의미한다고 한다. 사람도 천천히 눈을 깜빡이며 답해주면 고양이와의 유대감을 더 깊게 할 수 있다고 한다.

여섯 번째는 꾹꾹이를 하는 것이라고 한다. 사람의 배에 올라와 꾹꾹이를 하는 것은 어미의 가슴 부위를 만지면서 젖을 먹던 습성을 따라 하는 것인데, 사람을 어미로 생각하면서 안정감과 친근함을 표현하는 것이라고 한다.

일곱 번째로 배를 내보이는 행동은 단순한 몸짓 이상의 의미를 담고 있는 행동이라고 한다. 그것은 고양이가 천적에게 쉽게 노출될 수 있는 가장 약한 부분을 아무런 두려움 없이 보여준다는 것으로 자신을 온전히 맡기는 최고의 신뢰 표시라고 한다. 이는 그만큼 상대를 믿고 있다는 뜻이라고 한다.

이처럼 고양이는 다양한 방법으로 사람에게 친근함을 표현하며, 이러한 행동들은 모두 고양이의 감정과 신뢰를 보여주는 중요한 신호라고 한다.

배를 보이며 앙증맞은 모습을 하고 있는 레이

레이는 다른 고양이들과는 다르게 사람에게 친근함과 신뢰를 표시하는 위와 같은 행동을 모두, 아니 그 이상을 했던 고양이였다. 그 어떤 고양이보다도 자신의 감정을 적극적으로 표현하고 보여주었던 고양이였다.

출근할 때는 늘 문 앞에서 나를 지켜보고, 퇴근해서 집에 들어가면 나를 기다리는 것처럼 문 앞에서 자리를 잡고 앉아 있었던 고양이였다. 그리고 내가 누워 있으면 배 위로 올라오고, 앉아 있으면 무릎에 올라와서 편안하게 잠을 청하던 고양이였다. 강아지의 피가 흐르는 것도 아닌데 개와 같은 행동을 하는 것을 보고, 우리 가족은 신기하게 생각하면서 지켜보았다. 많은 사람이 흔히 말하는 일명 '개냥이'였다.

레이는 무언가 특별한 능력이 있는 것처럼 보였다. 마치 사람의 마음을 읽어내기라도 하는 것처럼, 언제나 우리가 필요로 하는 순간에 다가와 주었다. 내가 힘들거나 지쳐서 누워 있을 때면, 레이는 조용히 다가와 내 팔 위에 몸을 눕히고는, 마치 내가 가장 안전한 안식처인 것처럼 눈을 감고 잠들었다. 그녀의 작은 몸이 내 팔을 베고 고요히 숨을 고르는 그 순간, 모든 피로가 눈 녹듯 사라지는 것 같았다. 레이는 마치 갓난아이처럼 나에게 안겨 있을 때 가장 편안하고 행복해 보였다. 그 모습이 어찌나 사랑스러운지 우리 가족 모두 그녀에게 더 많은 애정을 쏟지 않을 수 없었다.

특히, 레이는 사람과의 교감에 놀랄 만큼 민감했다. 우리가 집 안에서 모여 이야기를 나누거나 웃고 있을 때면 언제나 그 자리에 함께했고, 때로는 먼저 다가와 자리를 차지했다. 가족끼리의 대화 중간에 슬며시 다가와 내 무릎 위에 앉거나, 다리를 따라 몸을 비비며 애정을 표현할 때마다, 레이는 그 순간이 얼마나 소중한지 알고 있는 듯했다. 그녀의 작은 행동들은 우리에게 위안과 즐거움을 주었다.

팔을 베개 삼아 자고 있는 레이

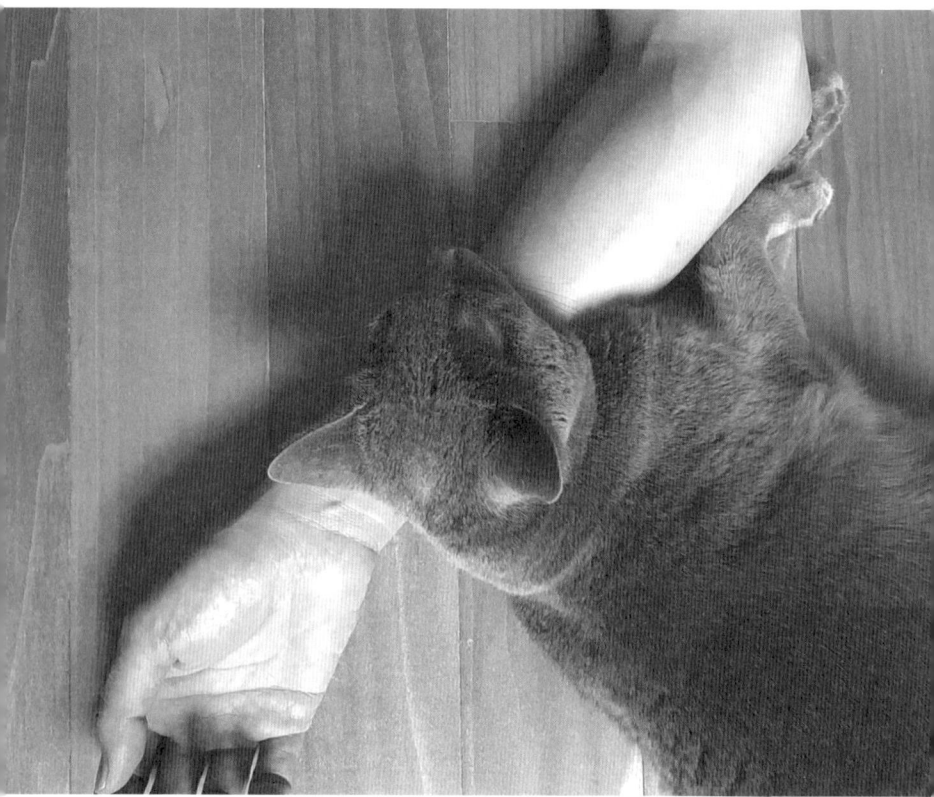

불현듯 이별

불현듯 이별

지난 3월, 레이는 조용히 내 곁을 떠났다. 그날은 따스한 바람이 불던 봄날 이른 아침이었다. 나는 그녀의 마지막 순간을 지켜보며 아무것도 할 수 없다는 무력감에 휩싸였다. 레이는 마지막까지 내 손을 잡고 있었고, 나는 레이가 평안히 떠날 수 있도록 최선을 다해 곁을 지켰다. 레이가 세상을 떠난 후, 나는 슬픔에 빠졌다. 집 안은 그 어느 때보다 조용했고, 우리 가족은 한동안 눈물로 지냈다. 그리고 레이의 흔적이 남아 있는 공간들은 내 가슴을 아리게 했다.

평소와 다름없이 하루를 보내던 어느 날, 건강하던 레이가 갑자기 이상해 보였다. 아침에 일어나면 늘 내 발치에 기대어 앉아 있던 그녀가 어딘가 힘이 빠져 있었다. 호흡이 일정하지 않으며 움직임도 적고, 그녀의 눈빛은 평소의 활기차고 호기심 가득한 모습과 달랐다. 무심히 넘길 수 없었다. 불길한 마음이 머리 위에 드리워졌고, 한시라도 빨리 병원에 가야겠다는 생각밖에 들지 않았다.

딸과 함께 레이를 조심스레 품에 안고 동물병원으로 달려갔다. 차 안에서 그녀의 작은 숨소리가 들렸다. 늘 반짝이던 눈동자는 희미해지고, 그토록 좋아하던 창밖 풍경을 바라보지도 않았다. 한숨과 함께 불안감이 가슴을 짓눌렀다. 병원에 도착하자마자 나는 레이와 함께 진찰실로 들어가서 수의사에게 상황을 설명했다. 수의사는 검사실로 레이를 데리고 갔다. 시간이 멈춘 듯 느껴졌고, 기다리는 동안 온갖 생각이 스쳐 갔다. '별일 아닐 거야.'라고 나 스스로를 안심시키려 했지만, 그 불안감은 쉽게 가라앉지 않았다.

검사가 끝나고 수의사는 딸과 내 앞에 앉아 차분한 목소리로 결과를 설명하기 시작했다. "레이의 신장 기능이 손상되었습니다. 상태가 좋지 않아요. 치료가 쉽지는 않겠지만, 지금 입원시키고 경과를 지켜보는 것이 좋겠습니다." 수의사의 말이 떨어지자마자 딸은 눈물을 흘리면서 어떻게 해야 하는지, 신장 기능을 정상으로 회복할 수 있는지 물어보았다. 어제까지만 해도 멀쩡하던 레이가 갑자기 이런 상황에 처했다는 게 믿어지지 않았다. 수의사에게 다시 한번 물어보았지만 돌아오는 답변은 똑같았다.

신장이 손상되었다니, 그것도 치료가 쉽지 않다니. 내 귀에 울려 퍼진 그 말들은 나를 충격 속으로 몰아넣었다. 마치 시간이 느리게 흘러가는 것처럼 모든 것이 무겁고 흐릿해졌다.

고작 몇 시간 전만 해도 집에서 평화롭게 누워있거나 뛰어다니기도 하고, 나에게 다가오던 레이가 이렇게 아플 수 있다는 사실을 도저히 믿을 수 없었다. 그동안 너무 당연하게 여겼던 그녀의 건강이 이제는 덧없게 느껴졌다.

수의사는 레이를 입원시켜 치료를 진행하겠다고 했다. 나는 그저 고개를 끄덕일 수밖에 없었다. 더 이상 무슨 말을 해야 할지 몰랐다. 해야 할 일은 분명했다. 레이를 믿고 병원에 맡기는 것. 하지만 그 순간 그 결정을 내리는 일이 얼마나 무거운 것인지 알게 되었다.

레이를 병원에 두고 집으로 향하는 발걸음은 그 어느 때보다 무거웠다. 그리고 마음이 아프고 허전해서 두 눈에는 눈물이 고여 흐르고 있었다. 병원에 입원시키고 온 것은 치료하고 건강을 되찾기 위함이라고 하지만, 이미 아픔이 많이 진행되어 회복이 어려울 수도 있다는 수의사의 이야기가 머릿속에서 맴돌며 떠나지 않았다.

집에 도착해 문을 열었을 때, 집 안은 고요했다. 그 고요함이 너무나도 차갑고 낯설게 느껴졌다. 레이가 있어야 할 자리에 그녀가 없는 풍경이 이렇게 허전한 일일 줄은 몰랐다. 평소 같았으면 현관에 나와 나를 반겨주던 레이, 소파에 앉아 있으면 무릎과 가슴으로 올라와 골골 소리를 내거나 잠을 청하던 레이가 없다. 그 빈자리들이 하나하나 내게 무겁게 다가왔고 시간이 멈춘 것 같았다.

   입원시켰으니 치료를 잘하고 좋아질 거야. 그렇게 다짐하며 마음을 다잡아 보려 했다. 하지만 그 불안감은 쉽게 가시지 않았다. 그곳에서 혼자 아파할 레이를 생각하면 가슴이 저렸다. 수의사의 말대로 신장 손상이라는 병은 간단하지 않았다. 치료가 쉽지 않다는 그 말이 가슴 깊이 박혔다. 지금 내가 할 수 있는 건 그저 기다리는 것뿐이었다. 그러나 그 기다림은 너무나도 길고 힘들었다.

   밤이 깊어갔고, 집에 레이가 없이 맞이하는 첫날 밤은 끝없이 공허했다. 불을 끄고 침대에 누웠지만, 눈을 감을 수 없었다. 레이의 빈자리가 머릿속에 떠오르며 수많은 생각이 꼬리에 꼬리를 물었다. '혹시 내가 더 일찍 알아차렸더라면 어땠을까?' '건강 검진을 해야 했는데….' '조금 더 신경 써줬더라면….' 자책과 후회가 끝없이 몰려왔다. 그러나 그 어떤 후회도 레이를 되돌릴 수 없었다. 이제 내가 바랄 수 있는 건 단 하나였다. 레이가 병원에서 무사히 치료받고 건강한 모습으로 내 품에 돌아오는 것. 그 순간까지 나는 그저 기다릴 뿐이었다.

다음 날 병원에서 연락이 왔다. 미음을 조금이라도 먹었다는 이야기와 아픈 몸을 조금은 움직였다는 소식이 내겐 큰 안도감을 주었다. 그토록 무기력하게 누워있던 그녀의 모습이 아직도 선명한데, 그나마 조금 나아지고 있다는 말은 마치 희미한 희망의 불씨와 같았다. 하지만 그 희망이 얼마나 지속될지 알 수 없기에, 마음 한편은 여전히 무겁고 불안했다.

나는 마음을 추스르고 병원으로 향했다. 오전과 오후에 병원에 들러 레이의 얼굴을 마주했다. 하지만 그녀의 모습은 여전히 나약해 보였고, 그 조그만 몸에는 여전히 생기가 없었다. 누워있는 레이의 모습을 보며, 얼마나 아픈지 짐작조차 할 수 없어서 더 마음이 아팠다. 그러나 그녀의 눈은 맑았다. 너무도 맑아서, 그녀의 눈을 마주할 때마다 내 가슴은 찢어질 듯 아팠다. 레이는 한마디 말도 하지 않았지만, 그녀의 눈빛 속에는 너무 많은 이야기가 담겨 있었다. 아프지만, 끝까지 나를 믿고 의지하는 눈빛. 그 눈을 볼 때마다 나는 참을 수 없어 눈물이 흘렀다.

레이가 좋아지기를 바라며 기도하는 것 말고는 내가 할 수 있는 것이 없다는 현실이 너무나 허무했다. 그동안 내가 그녀를 위해 해줄 수 있었던 일들이 이렇게 줄어들었다는 것이 믿기지 않았다. 레이와 함께하는 것이 일상이었는데, 이제는 병원에 누워있는 그녀를 그저 바라보며, 조금이라도 더 나아지길 기원할 수밖에 없는 상황이 나를 더욱 무력하게 만들었다.

하지만, 나는 그 눈빛을 통해 레이와 계속해서 교감하고 있었다. 우리는 여전히 함께였고, 그 순간에도 나는 그녀에게 내 마음을 전하고 있었다. 내가 레이의 곁에 있다는 사실만으로도 그녀가 조금이나마 안도하고 힘을 낼 수 있기를, 그리고 레이를 지켜보는 내 마음이 그녀에게 전해지길 바랐다. 언제나 활발하고 힘찬 기운이 넘치던 레이의 모습이 떠오를 때마다, 지금의 연약한 모습이 더욱더 가슴을 찔렀다. 그렇지만 나는 절대 포기할 수 없었다. 그녀가 다시 회복되어 예전처럼 활기차게 돌아다니며, 내 무릎에 올라오고 가슴에 안기는 모습을 볼 수 있기를 간절히 바랐다.

입원 3일째 되는 날, 병원에서 전화가 온 것은 늦은 오후였다. 종일 레이의 상태가 나아지기를 기다리며, 불안한 마음을 달래고 있었던 때였다. 핸드폰이 울리자마자 심장이 덜컥 내려앉았다. 핸드폰을 들어 병원에서 들려온 수의사의 차분한 목소리를 듣는 순간, 그가 무슨 말을 할지 직감적으로 알 수 있었다. 하지만 그 순간에도 나는 끝까지 희망을 놓고 싶지 않았다. 설마, 설마 하는 마음으로 그의 말을 들었다.

"레이의 상태가 많이 안 좋아졌습니다. 더 이상 치료가 어렵습니다. 집으로 데려가 마지막 시간을 함께 보내는 것이 좋겠습니다."

그 순간, 마치 세상이 무너져 내리는 것 같았다. 수의사의 말이 마치 천둥처럼 내 머리 위로 쏟아졌다. 나는 멍하니 그 말을 듣고 있었다. 더 이상 치료를 할 수 없다는 말, 그리고 마지막을 함께 보내라는 권유는 나를 현실로부터 완전히 떨어뜨려 놓았다. 어떻게 이런 순간이 이렇게 갑자기 찾아올 수 있을까. 불과 며칠 전만 해도 내 품에 안겨 있던 레이가, 나와 함께 매일 평온한 시간을 보내던 그녀가 이제는 마지막을 맞이한다니. 그 사실을 도저히 믿을 수 없고 받아들일 수 없었다.

딸과 함께 병원으로 가는 길, 딸은 내 옆에서 눈물을 참지 못하고 흐느꼈다. 딸의 작은 어깨가 떨리고, 흐트러진 감정이 내 마음을 더욱 아프게 했다. 내 발걸음은 한없이 무거웠다. 마치 수많은 짐을 짊어진 것처럼, 발이 떨어지지 않았다. 온몸이 무기력해지고 머릿속은 복잡한 생각들로 가득했다. 어떻게 이렇게 빨리, 갑자기 이런 일이 발생하고 끝이 다가온 것일까? 더 일찍 병원에 데려가지 못했을까? 내가 왜 알지 못했을까? 내가 무언가 잘못했던 길까? 수많은 질문과 자책이 머릿속에서 소용돌이쳤지만, 그 질문들은 그저 공허할 뿐이었다. 이미 늦었고, 내가 할 수 있는 일은 이제 레이의 곁에 있어주는 것뿐이었다.

병원에 도착해 문을 열고 들어섰을 때, 그 차가운 공기가 온몸을 감쌌다. 레이가 나를 기다리고 있는 병실로 들어가는 순간, 그녀가 고요히 누워있는 모습을 보았다. 많은 기계에 의존해 있던 레이는 더 이상 그 활기찬 모습이 아니었다. 하지만 그 눈동자는 여전히 나를 알아보는 듯, 힘겹게 나를 바라보고 있었다. 나는 아무 말도 하지 못한 채, 그저 레이에게 다가가 그녀의 몸을 쓰다듬었다. 너무나 작고 가벼워진 그녀의 몸은 마치 금방이라도 사라질 것처럼 연약했다.

수의사는 나를 조용히 바라보며 상황을 설명해 주었지만, 나는 그 설명을 제대로 들을 수 없었다. 오직 눈앞의 레이만이 내 마음속에 가득 차 있었다. 레이가 얼마나 힘들었을지, 그 작고 아픈 몸으로 이 고통의 시간을 혼자서 이겨내려고 노력했을지를 생각하니 가슴이 미어졌다. 내 손끝에 닿는 레이의 체온을 느끼며, 나는 속으로 무수히 많은 말을 삼켰다. '미안해, 조금 더 빨리 알아차리지 못해서.' '고마워, 나에게 사랑과 기쁨을 전해줘서.' '사랑해, 항상 네가 우리 가족 곁에 있어 줘서.' 하지만 그 모든 말들이 허무하게 느껴졌다. 지금은 그저 그녀가 고통 없이 편안히 있기를 바랄 뿐이었다.

나는 레이를 조심스럽게 품에 안고 병원을 나섰다. 그토록 가벼운 몸을 느끼며, 나도 모르게 눈물이 흘렀다. 나를 따라 창밖을 보며 반짝이던 그 눈동자, 발소리를 듣고 반갑게 뛰어나오던 그 날렵한 몸짓은 이제 그 어디에도 없었다. 병원 문을 나서자 저녁노을이 어둑해져 가고 있었다. 세상이 무심하게 흘러가는 것처럼 보였지만, 내 안에서는 모든 것이 멈춰버린 것 같았다.

집으로 가는 차 안에서 레이는 내 품에 조용히 안겨 있었다. 그녀의 호흡은 여전히 들리지만, 그 리듬은 매우 느리고 약했다. 창밖으로 스치는 풍경들을 바라보면서도 나는 온 신경을 레이에게 집중하고 있었다. 차 안은 침묵으로 가득 찼다.

집에 도착해 문을 열자, 평소와 다를 것 없는 풍경이 펼쳐졌다. 하지만 그곳은 이제 너무나도 낯설었다. 늘 레이와 함께 있던 공간이었지만, 그곳에 놓인 공기는 너무나 차갑고 무거웠다. 나는 레이를 조심스럽게 안방에 있는 내 침대 위에 눕혔다. 평소 같으면 스스로 올라와 자리를 잡고 나를 바라보았을 텐데, 이제는 그럴 힘조차 없었다. 나는 레이의 옆에 앉아 천천히 그녀의 몸을 쓰다듬으며 맑은 눈을 바라보았다. 가슴속에서 울컥 올라오는 슬픔과 미안함은 말로 다 표현할 수 없었다. 또다시 더 오래 함께할 수 없다는 사실이 원망스럽고 무력감에 사로잡혔다. 그동안 함께 웃고, 울고, 행복했던 모든 순간이 스쳐 지나가며, 이 작은 존재가 내 삶에 얼마나 큰 부분을 차지하고 영향을 미치고 있었는지를 새삼 깨달았다. 이별의 시간이 다가오고 있다는 것이 두렵고 안타까워 마음이 무너졌다.

세상이 주는 고통이나 시련이 자연스러운 일이라고 생각했지만, 레이에게 다가온 고통은 나에게는 너무나도 불합리해 보였다. 이 작은 생명은 그저 자신의 하루를 살아가고 있었을 뿐이었는데, 그녀에게 왜 이런 아픔이 주어졌을까? 아무리 생각해도 답이 없었다.

레이의 고통을 지켜보며, 이 작고 순수한 생명에게 신이 왜 이토록 무거운 시련을 안겨주는지 원망스러웠다. 행복만을 나눠주던 레이를, 아무런 잘못이 없는 그녀를 잃게 된다는 생각에 깊은 분노와 슬픔이 일었다.

너무나도 아파 보이는 레이를 바라보며, 약을 주사기에 넣어 먹이면서 뜬눈으로 하루를 지냈다. 어떻게 해서든지 지켜주고 싶었다. 움직이기도 힘들어하는 레이를 위해 침대 위에 배변 거즈를 깔아주었다. 그런데 그렇게 아픈데도 불구하고 힘들게 몸을 끌면서 벤토나이트 모래가 있는 화장실로 기어가는 모습을 보고, 나는 너무나도 놀랄 수밖에 없었다. 생리적 현상을 보여주기 싫어해서 그런 것일까? 아니면 고양이의 원래 습성이 그런 것인가?

이런 모습을 쉽게 이해할 수는 없었지만, 경탄스럽고 대단함을 느끼는 순간이었다. 그리고 거듭 침대 밑으로 기어가서 있거나, 책상 밑으로 들어가서 몸을 숨기려고 했다. 그 누구로부터도 자기의 아픔을 보여주기 싫어하고, 흔적을 남기고 싶지 않은 것처럼 느껴졌다. 마치 자신의 마지막 순간을 홀로 견뎌내고, 혼자서 조용히 맞이하고자 하는 깊은 의지를 품고 있는 듯 보였다.

고양이는 인간과는 다른 방식으로 죽음을 받아들이는 듯했다. 인간은 죽음을 두려워하고, 때로는 그 끝을 거부하려 발버둥 치기도 하며, 자신의 흔적을 남기고자 애쓴다. 하지만 레이는 달랐다. 마치 죽음이란 삶의 한 부분일 뿐, 결코 특별히 두려워할 것이 아니며, 마치 자연스러운 흐름으로 받아들일 준비가 되어 있었다. 레이의 이런 모습은 그녀가 세상의 어떤 이치와 본질을 이미 초월한 존재임을 깨닫게 했다. 레이는 자신의 길을 스스로 결정하며, 자신의 고통을 다른 생명체에게 짐으로 남겨주지 않으려는 신비롭고 독립적인 의지를 가지고 있다는 것을 알 수 있었다.

　병원에서 집으로 돌아와 3일째 되는 이른 아침이었다. 한 숨 한 숨 레이의 호흡이 점점 더 불안정해졌다. 나는 그저 그녀의 곁에서 연약한 모습을 바라보며 손끝으로 그녀의 온기를 느꼈다. 내 소중한 존재가 내 눈앞에서 점점 사라져 가는 이 현실이 너무나 슬펐다. 그 모습을 바라보며 내 마음은 산산이 부서지고 있었다. 눈을 감고 있는 레이의 모습은 여전히 평화로워 보였지만, 그녀가 나와 이 세상에서 멀어져 가고 있다는 사실은 그 무엇보다도 허무하게 느껴졌다.

　그 순간, 모든 시간이 멈춘 것처럼 느껴졌다. 우리는 항상 함께였고, 레이의 따뜻한 숨소리와 귀여운 울음소리, 그리고 그 사랑스러운 눈빛이 나를 위로해 주고 밝게 비춰주었는데, 이제 그녀가 나와 우리 가족으로부터 떠나려고 한다는 사실이 도저히 믿기지 않았다.

　나는 조용히 앉아 레이의 옆에 머물렀다. 한 손은 그

녀의 턱을 받치고 다른 한 손은 부드러운 털에 얹고, 마지막으로 그녀의 맑은 눈을 보며 온기를 느끼고 싶었다. 시간이 얼마나 흘렀는지 알 수 없었다. 그 순간이 영원히 지속되기를 바랐으나, 레이의 숨결이 점점 더 약해지며, 나는 그녀가 다른 세상으로 가고 있다는 사실을 받아들일 수밖에 없었다.

내 가슴속 깊은 곳에서 떠오르는 수많은 기억이 스쳐 지나갔다. 레이와 함께한 소중한 순간들, 그녀가 내게 주었던 따스한 위로와 웃음, 그리고 우리 가족에게 주었던 무한한 사랑. 하지만 이 모든 추억이 이제 아픔으로 변할 것이라는 생각에 견딜 수 없는 슬픔이 밀려왔다.

사랑하는 존재가 내 손에서 서서히 사라지는 것을 지켜보는 일, 그녀가 더 이상 이 세상에 없다는 것을 받아들여야 하는 이 현실이 얼마나 고통스러운지 이루 말할 수 없었다. 나는 가족들에게 이 순간을 알리고 싶지 않았다. 그들이 레이의 마지막 모습을 보지 않기를 바랐다. 그래서 자고 있던 아내와 딸을 깨울 수가 없었다. 그들이 이 슬픔을 마주해야 한다는 것이 또 다른 충격이었고, 그들을 깨운다면 내가 지금 느끼고 있는 이 커다란 상실감과 고통을 그들도 함께 느낄 것이 분명했다. 그들의 마음이 무너지는 것을 볼 수 없었다. 한편으로는 그들이 적어도 그 순간만큼은 잠시나마 이 슬픔에서 벗어나 있기를 바랐다.

레이와의 마지막 순간은 내 기억 속에 깊숙이 각인되어 있다. 내가 그녀의 마지막 눈빛을 마주했을 때, 나는 그 속에서 깊은 평온함을 느낄 수 있었다. 그녀는 고통 속에서도 마치 모든 것을 받아들이고 있다는 듯이 나를 바라보았다. 그 순간, 나는 그 눈 속에서 일종의 초월적인 평안을 느꼈다. 그것은 단순한 육체적인 고통이나 이별의 아픔이 아닌, 마치 그녀가 이 세상과 작별하고 새로운 여정을 받아들이는 것 같은, 깊은 깨달음이 담긴 평온함이었다.

나를 더 놀라게 한 것은 그녀의 마지막 울음소리였다.

그것은 평소의 부드럽고 익숙한 소리가 아니었다.

　그 울음은 마치 이 세상 너머의 존재가 전하는 마지막 인사처럼 들렸다. 인간의 언어로는 설명할 수 없는 초월적인 메시지였다. 그것은 고통을 넘어선 감정이자, 이별의 슬픔을 뛰어넘어 영원한 연결을 느끼게 하는 소리였다. 그녀는 이미 이 세상을 떠나고 있었지만, 그 울음 속에서 나는 그녀가 여전히 나와 함께 있다는 것을 깨달았다. 레이는 울음으로 나에게 그녀의 삶과 그 끝맺음을 전하고 있었다. 그녀는 나에게 마지막으로 인사를 하며, 그 속에 모든 것을 담아 보내주었다.
　레이가 남긴 그 한없이 깊고 커다란 여운이 담긴 소리는 영원한 이별이 아니라, 그녀가 내 마음속에서 영원히 살아 있음을 알리는 마지막 메시지였다.

　나는 레이를 내 품에 안았다. 그녀의 몸은 한때 내 품에서 평온하게 잠들던 그 모습 그대로였지만, 이제는 차가운 이별의 순간을 맞이해야 했고, 떠나보낼 준비를 해야 했다. 하지만 마음 한구석에서는 여전히 그녀가 돌아오기를 바라고 있었다. 레이와 함께했던 모든 시간이 너무나도 짧게 느껴졌고, 나는 더 많은 순간을 함께하고 싶었다. 그러나 이제는 그녀에게 평안을 주고, 그녀가 더 이상 아프지 않기를 바라는 것이 내가 할 수 있는 전부였다. 고통스럽지만 아름다웠던 그 시간 속에서, 나는 레이와의 작별을 받아들였고, 결국 우리는 서로에게 마지막 인사를 했다.

레이와 작별을 하고 그녀가 내게 주었던 모든 사랑과 따스함을 떠올리며, 이제는 그녀가 더 이상 고통 속에 있지 않다는 사실에 마음의 안식을 얻는다.

오늘도 레이를 하늘나라로 보내고, 커다란 슬픔과 보고 싶다는 생각에 핸드폰 메모장 속에 남겨두었던 글을 읽으며 소중한 기억을 되새긴다.

"집에 들어서면 마중 나와 반겨주던 레이가 없어 공허하게 느껴진다. 조용한 내 방에는 레이의 소리가 더 이상 들리지 않고, 레이가 자주 앉아 있던 자리에는 더 이상 그 모습이 없다. 내 품 안에서 늘 골골 소리를 내던 레이가 이제는 없어서 정겹고 편안했던 소리를 더 이상 들을 수 없다.

레이와 함께한 추억이 선명하게 떠올라 가슴이 아리다. 레이의 눈망울, 부드러운 털, 레이의 귀엽고 사랑스러운 행동 그리고 레이가 만들어 낸 작은 소리 하나하나가 그리워 눈물이 난다.

이별의 순간이 다가왔을 때 느꼈던 무력감, 아무리 노력해도 레이를 다시 살릴 수 없다는 현실이 마음을 찢어지게 만든다. 레이의 마지막 순간을 지켜보았던 나는 미안함과 절망감에 먹먹함이 아직도 남아 있다. 레이와 함께 보냈던 시간이 너무나 소중하게 느껴진다. 시간이 지나도 그리움은 사라지지 않고, 레이의 빈자리는 채워지지 않을 것만 같다.

레이는 무지개다리를 건너 편안하고 행복한 곳으로 갔겠지. 그곳에서는 아픔도 괴로움도 슬픔도 없이 자유롭게 뛰어놀며, 사랑하는 사람들과 언젠가 다시 만날 날을 기다릴 거야.

무지개다리 너머의 세상에서는 다른 동물 친구들과 함께

즐겁고 행복하게 지내며, 따뜻한 햇살 아래서 평화로운 시간을 보낼 거야. 그곳에서는 먹을 것과 쉴 곳이 항상 충분하고, 레이가 좋아하던 모든 것들이 갖추어져 있을 거야. 사랑하는 레이는 여전히 나를 기억하며, 나와 우리 가족들과 함께했던 행복한 순간들을 마음속에 간직하고 있을 거야. 언젠가 다시 만날 때까지 그곳에서 행복하게 지내며, 내가 보내는 사랑을 느끼고 있을 거야."

내 손에 든 핸드폰에는 레이의 사진이 유난히 많다는 사실을 새삼 깨달았다. 레이는 내 일상의 큰 부분이었고, 그녀와 함께했던 모든 순간을 사진으로 남기곤 했던 나는 레이를 기억하기 위한 수단으로 끊임없이 사진을 찍었었다. 하지만 이제 그 사진들을 보는 것이 버겁다. 핸드폰에서 자동으로 사진이 돌아가며 나타날 때면, 나는 잠시 눈을 돌린다. 레이를 마주하는 것이 너무 아프기 때문이다. '내가 좀 더 잘해줄 수 있지 않았을까?' '왜 아픈 것을 미리 알지 못했을까?' '내가 잘못한 것이 아닐까?' 하는 미안한 마음이 나를 가득 채우며, 사진을 보는 것조차 힘들어졌다.

그렇지만 막상 사진이 스쳐 지나갈 때, 나는 멈추고 말았다. 사진 속 레이의 얼굴을 마주하는 순간, 마음속 깊은 곳에서 울컥하는 감정이 솟구쳤다. 너무나도 그립고 보고 싶었다. 그리움을 억누르려 해도, 그 감정은 자연스럽게 흘러나왔다. 레이가 나를 바라보던 그 눈빛, 나를 향해 다가오던 발걸음, 그 부드러운 몸짓, 내 무릎에 앉아 있고 가슴에 안겨 있는 모습이 사진 속에서 그대로 살아 숨 쉬는 것 같았다. 그 사진 한 장 한 장에 담긴 시간들이 나를 다시 그녀의 곁으로 데려간다.

기억은 현재진행형

기억은 현재진행형

레이는 다른 고양이들보다도 더 섬세하고 예민한 감각을 지닌 존재였다. 사람의 감정을 본능적으로 느끼고, 그에 따라 반응하는 모습을 볼 때마다 나는 놀라지 않을 수 없었다. 특히 내가 힘들거나 지쳐 있을 때면, 레이는 마치 그 모든 것을 이해한다는 듯 다가와 내 곁에 앉아 조용히 나를 바라보거나 내 품으로 들어왔다. 그런 순간마다 레이의 다정다감함에 내 마음이 녹아내리곤 했다. 레이가 아무 말 없이도 내 마음을 읽어내고, 그저 나와 함께 있어주는 것만으로도 큰 힘이 되었다.

품에 올라온 레이

    레이와 함께한 시간 동안 가장 기억에 남는 장면은 바로 그녀가 내 품에 안겨 잠들던 순간들이다. 그 모습은 언제나 나에게 따뜻한 안식처였다. 언제나 활발하고 장난기 넘치던 레이가 어느 순간, 내 품에 안겨 조용히 잠을 청하곤 했다. 작은 분홍색 발바닥이 내 옷자락에 닿을 때의 느낌, 부드러운 털이 내 피부에 스치는 그 감각은 말로 다 표현할 수 없는 따스함을 전해주었다. 레이는 머리를 내 가슴에 묻고 한없이 편안한 듯이 눈을 감고, 코끝에서는 따뜻한 숨결과 종종 사람이 코골이를 하는 것처럼 나지막한 소리가 흘러나왔다. 그 모습이 마치 세상의 모든 걱정과 근심을 잊은듯해 평온해 보였다. 그리고 그 작은 몸이 내 품에 안길 때마다 레이의 심장 소리가 내 가슴에 느껴졌다. 그 소리는 마치 나와 교감하고 있다는 신호 같았다. 그리 크지는 않지만, 분명한 심장 소리는 나에게도 평온을 선사했다.

레이는 혼자 있기를 좋아하는 일반적인 고양이와는 달리, 사람의 품속에서 보내는 시간을 무엇보다도 좋아하고 소중하게 여겼다. 내가 소파에 앉아서 책을 읽거나 텔레비전을 볼 때는 조용히 무릎 위로 올라와 골골 소리를 내곤 했다. 내가 누워있을 때는 배에 올라오거나 내 겨드랑이 속으로 파고들어 와 눈을 감았다. 그 순간들 속에서 나는 이 고양이에게 내가 얼마나 큰 존재로 다가왔는지를 느꼈다. 그 작은 몸으로 표현하는 무한한 사랑과 신뢰는 매일같이 나를 깊은 감동에 젖게 했다.

내 품을 너무나 좋아하던 레이, 그 애틋한 모습은 내 마음 깊은 곳에 새겨졌다. 우리는 말로 표현할 수 없는 끈끈한 유대감으로 연결되어 있었다. 레이는 내 온기를 느끼며 평온한 꿈속으로 빠져들었고, 나는 그 작은 존재가 나에게 준 사랑과 신뢰를 고스란히 느낄 수 있었다.

레이의 빈자리에서 나는 그녀의 체온과 그리움만을 느낄 수 있다. 그때의 따뜻한 순간들은 나에게 영원히 잊을 수 없는 기억으로 남아 있다. 내 품에서 잠들던 레이의 모습은 마치 한 편의 아름다운 꿈처럼 내 마음속에 여전히 살아 숨 쉬고 있다.

레이는 마치 세상의 흐름을 온몸으로 느끼는 듯한 고양이였다. 나는 그녀의 눈빛에서 어떤 여유로움과 유연함을 발견할 수 있었다. 레이는 어느 공간에 놓여도 금방 적응하는 모습을 보여주었다. 집 안에 새로운 가구가 들어오거나, 낯선 사람이 찾아와도 당황하는 법이 없었다. 그녀는 천천히 그 공간을 탐색하며 익숙해졌고, 금세 그 공간의 주인처럼 행동했으며, 사람들에게 다가가서 누군지를 알고 싶어 하는 고양이였다. 마치 어디서든 자신만의 평화를 찾을 줄 아는듯했다. 레이의 유연함은 그저 몸의 동작에서만 드러나는 것이 아니라, 사고방식에서도 나타났다. 그녀는 변화에 크게 거부하지 않고, 오히려 그 변화 속에서 자신의 자리를 찾아갔다.

이런 레이의 모습을 지켜보며, 나는 자연스럽게 그녀를 닮고 싶다는 생각이 들었다. 나 역시 변화에 마음이 쉽게 흔들리고, 낯선 환경에 대한 두려움을 종종 느꼈다. 하지만 레이는 나에게 새로운 시각을 열어주었다. 그녀는 마치 "세상의 모든 것이 자연스럽게 흘러간다."라고 말하는 듯했다. 레이는 자신이 처한 상황을 있는 그대로 받아들이고, 그 속에서 자신의 편안함을 찾는 법을 알고 있었다. 레이와 함께한 시간 속에서 나는 그녀가 가진 특별한 능력을 배워갔다. 그 능력은 바로 어떤 환경에서도 자신을 잃지 않고, 모든 것에 열린 마음으로 다가가며, 어떤 순간에도 자연스럽게 적응하는 자세였다.

무릎에 올라와 있는 레이

레이가 나를 감동하게 만든 것은, 사람과 소통하는 독특한 방식이었다. 그녀는 단지 사람 곁에 머물며 교감을 나누는 데 그치지 않고, 나에게 다가와 자신의 존재를 그녀만의 특별한 방식으로 표현하곤 했다.

어느 날 늦은 저녁, 나는 거실에 서서 가족과 이야기를 나누고 있었다. 그때 레이는 조용히 내 발밑으로 다가오더니 잠시 후, 마치 내 발등을 미끄럼틀 삼아 몸을 던지듯 미끄러졌다. 그 순간 우리 가족은 웃음을 터트릴 수밖에 없었다. 이것은 레이의 털색과 비슷한 피부를 가지고 있는 물개가 암초에 올라왔다가 바다로 자연스럽게 미끄러져 들어가는 모습과 비슷한 광경이었다.

그녀의 행동은 단지 장난스러운 것이 아니었다. 그것은 레이가 나에게 보내는 친근함의 표현이었고, 다른 고양이와 다른 특별한 사랑의 방식이었다. 다른 고양이들에게서는 볼 수 없는 그런 행동은 그녀만의 특별한 방식으로 나와의 유대를 깊게 만들었다. 레이가 내 발등을 미끄럼틀로 삼아 온몸을 던져 미끄러질 때마다, 나는 그녀가 얼마나 나를 신뢰하는지, 얼마나 나에게 애정을 표현하고 교감을 나누고 싶은지를 느낄 수 있었다.

배 위에서 자고 있는 레이

레이는 내 삶에 찾아온 가장 특별한 선물이었다. 레이는 다른 고양이들과는 달리 독특한 취향을 가지고 있었는데, 그중에서도 가장 신기한 것은 그녀가 참외를 좋아한다는 사실이었다. 일반적으로 고양이는 육식동물로 알려져 있기에, 과일에 대해 특별한 흥미를 보이지 않는 경우가 대부분이다. 하지만 레이는 참외라는 과일에 유독 매료되었고, 그 모습은 나에게 신기하고 재미있는 일상의 한 부분이 되었다.

몇 년 전 여름 어느 날, 참외를 좋아하는 아내는 주방의 식탁에서 참외를 깎고 있는데, 레이가 발밑으로 와서 서성이며 울고 있었다고 한다. 처음에는 단순히 먹는 것에 관심을 가지면서 애절한 눈빛으로 무언가를 요구하는 것처럼 보였다고 했다. 사료도 아니고 간식도 아니기에 설마 참외를 달라는 것은 아닐 것이라는 생각을 했단다. 그런데 식탁으로 올라와 참외에 얼굴을 가까이하면서 간절하게 울었다고 한다. 이상한 일이라는 생각을 하면서도, 혹시 참외를 먹고 싶다는 행동일 수 있다고 판단하여,

참외의 단맛이 많고 부드러운 속 부분을 조금 떼서 주었더니 너무나도 잘 먹었다고 한다. 그래서 알게 된 레이의 참외에 대한 사랑이었다.

참외를 바라보는 레이

참외의 껍질을 깎기 위해 칼이 닿기만 하면 레이는 어느새 나타났다. 그녀는 참외의 냄새를 정확히 알고 있는 고양이였다. 다른 고양이들은 전혀 관심이 없고 근처에 올 생각을 하지 않는데, 레이만 유독 참외를 알고 찾아오는 모습을 보고 우리 가족은 신기하게 바라볼 수밖에 없었다.

고양이가 과일, 특히 참외 같은 과일을 좋아할 줄은 전혀 예상하지 못했기 때문이다. 하지만 레이는 참외의 달콤한 맛에 금세 빠져들었고, 그 후로 참외가 집에 있을 때마다 레이는 내 옆에 와서 나를 바라보며, 먹고 싶은 마음을 간절히 표현하곤 했다.

레이가 참외를 먹는 모습은 늘 즐거워 보였고, 그때마다 나는 이 작은 고양이가 얼마나 사랑스러운지 새삼 깨달았다. 고양이와 과일, 그것도 참외라는 조합은 전혀 어울리지 않을 것 같았지만, 레이에게는 이보다 더 잘 맞는 것이 없었다. 레이는 시간이 지나도 참외에 대한 애정을 잃지 않았다. 매년 여름이 되면, 그녀는 항상 그 달콤한 맛을 기대하며 참외를 기다리는 것 같았다. 그래서 우리 가족은 레이와 함께 참외를 먹으며, 더운 날씨도 잊고 즐겁게 보낼 수 있었다. 레이는 나에게 있어서 그저 고양이가 아니었다. 그녀는 내 친구이자, 동료였으며, 내 일상 속 작은 기쁨이었다.

고양이에게는 사람이 먹는 음식을 주면 안 된다는 것을 딸에게 자주 들어서 익히 알고 있었는데, 레이가 간절히 원한다고 하여 참외를 준 것이 그녀의 건강에 문제를 일으킨 것이 아닌가 하는 생각이 들었다.

사실 참외는 고양이에게 해로운 성분을 포함하고 있지는 않지만, 고양이의 소화기관은 참외와 같은 과일을 소화하는 데 적합하지 않다고 한다. 특히 참외의 당분 함량은 고양이에게 소화 문제를 일으킬 수 있으며, 장기적으로는 비만이나 당뇨와 같은 건강 문제로 이어질 수 있다고 한다. 그래서 소량의 참외를 먹었다면 크게 걱정할 필요는 없지만, 고양이의 건강을 위해서 과일은 특별한 이유가 없는 한 피하는 것이 좋다고 한다. 이러한 사실을

참외를 사랑하는 레이

알고 있었던 나였지만, 적은 양의 참외는 레이의 건강에 나쁜 영향을 미치지 않을 것이라고 생각했다. 그럼에도 불구하고 사람이 먹는 음식을 레이에게 주지 말았어야 했는데, 그렇게 하지 못한 나는 그녀에게 너무나 미안했다.

레이가 세상을 떠난 후, 나는 참외를 거의 먹지 않는다. 참외가 그녀의 건강에 좋지 않은 영향을 미쳤을 것이라는 생각과 함께, 내 잘못이라는 미안함이 있어서 그렇다. 그리고 참외를 보게 되면, 레이가 내 옆에 와서 참외를 기다리던 그 눈빛, 먹고 싶다고 울던 모습과 너무나도 맛있게 먹는 행복한 그 작고 귀여운 모습이 떠올라, 너무나 그립고 보고 싶다는 생각이 들어서 그렇다.

참외를 좋아했던 레이, 그 신기하고도 사랑스러운 모습은 내 가슴속 깊이 새겨져 있다. 이제 레이는 없지만, 레이와 참외, 그 작은 인연은 나에게 영원한 추억으로 남아 있다.

레이의 선물

레이의 선물

내 소중한 존재였던 고양이, '레이'와의 이별은 내게 커다란 상실감을 남겼다. 레이는 나에게 단순한 반려동물이 아니라, 스스로 자기만의 세상을 만들어 가는 생명체였다. 그녀의 존재는 내 일상 속에 깊이 뿌리내리고 있었다. 레이와 함께한 날들은 무척이나 행복했다. 그녀는 내 곁에서 항상 나에게 편안함을 주었고, 내게 무조건적 사랑을 주었다. 내 무릎에 올라와 앉아 있고 가슴에 안겨 있을 때 그녀의 부드러운 털을 쓰다듬으며 느끼던 따스함과 그녀의 고운 눈망울을 바라볼 때마다 느끼던 그 사랑의 깊이는 말로 다 표현할 수 없었다.

허벅지에 누워 편안하게 잠든 레이

레이와 이별한 이후 한동안 마음이 아프고 보고 싶다는 생각에 눈물이 나는 날이 많았지만, 내 삶을 이전과는 다른 방향으로 이끌었다. 그녀는 내 삶에 의미를 더해주었고, 나를 다른 고양이에 대한 사랑으로 변화할 수 있도록 만들어 주었다. 그녀의 작은 발자국이 내 마음속에 남긴 흔적들은 헤아릴 수 없을 만큼 크고 선명하다. 레이와 함께한 이 시간 속에서, 나는 사랑의 진정한 의미를 배웠다. 그녀의 존재는 내가 알지 못했던 감정의 깊이를 열어 주었고, 그녀가 남긴 발자국은 나에게 사랑의 본질을 일깨워 주었다.

포레는 뇌질환이 발병한 이후로 예전처럼 골골거리는 소리도 전혀 내지 않게 되었고, 평소 다른 고양이들이 보이는 반응도 거의 느껴지지 않게 되었다.

그래서 포레는 집에 있는 고양이들과 다른 부분이 많다. 보리와 돈나는 사람을 찾아 다가가고, 부드러운 손길에 골골 소리를 내며 안정을 찾고 기분이 좋다는 표현을 한다. 하지만, 포레는 사람들에게 가까이 가지 않는다. 눈길이 마주쳐도 다가올 줄 모르고, 손길이 다가오면 먼저 피하려는 자세를 취한다.

그와 함께 있을 때면 고양이라는 존재가 아닌, 그저 조용한 그림자 같은 느낌이 들 때가 많다. 또한 포레는 작은 소리 하나에도 깜짝 놀라서 팔짝 뛰어오르기도 하고, 움직임이 어딘가 부자연스럽다. 화장실에서도 배변을 정확한 위치에 하지 못하는 일이 자주 있다. 이러한 모습을 볼 때면, 가끔씩 그는 고양이라기보다는 우리가 알지 못하는 또 다른 생명체가 아닐까 하는 생각이 들기도 한다.

하지만 레이가 병으로 아파하던 순간, 뇌질환을 앓고 있는 포레의 고통을 느낄 수 있었고, 그가 처해 있는 상황과 심정을 헤아릴 수 있게 되었다. 또한 포레가 그동안 얼마나 많은 아픔을 감내하며 살아왔는지를 깨닫게 되었다.

작은 자극에도 극도로 민감하게 반응하는 그가 세상의 모든 소리에, 모든 움직임에 얼마나 두려움과 불편함을 느끼고 있을지 상상할 수 있었다. 그래서 가족인 포레를 내가 보살펴 주고, 좀 더 사랑해 주어야겠다는 생각이 들면서, 그동안 포레에 대해 내가 가지고 있던 생각과 행동에 문제가 있음을 알게 되었다.

레이와 포레, 이 두 고양이는 나에게 생명을 대하는 새로운 태도와 시각을 열어주었고, 그들의 고통과 슬픔을 이해하게 함으로써 나를 더 깊은 사랑으로 이끌었다.

레이와 포레

뇌질환을 가지고 있는 포레는 오늘도 발작을 일으켰다. 평소처럼 조용히 방에 앉아 있던 포레가 갑자기 이상한 울음소리와 함께 경련을 시작했을 때, 내 심장은 덜커덩 내려앉으며 걱정이 앞선다. 그동안 수십 차례 발작을 겪었던 포레지만, 매번 그 광경을 마주할 때마다 내 마음은 너무나 아프다. 몸을 심하게 떨고 눈동자가 흔들리며, 자신이 겪고 있는 고통을 이해하지 못한 채 혼란스러워하는 모습을 보면서, 나는 어떻게든 이 상황을 멈추고 싶다는 절박한 마음뿐이다.

포레의 발작이 일어나는 동안 나는 그저 바라보기만 할 뿐, 해줄 수 있는 것이 아무것도 없다는 사실에 답답하고 허무한 감정을 느낀다. 내가 할 수 있는 것은 포레가 부딪혀서 다치지 않도록 주변을 정리하고, 발작이 멈출 때까지 안타까운 심정으로 조용히 지켜보는 것뿐이다. 시간이 지나 발작이 멈추면, 포레는 가쁜 숨을 내쉬면서 몸을 떨며, 잠시 움직일 수 없어 바닥에 배를 깔고 힘없이 축 늘어져 있다. 작은 몸이 떨리며 빠르고 거칠게 호흡하는 소리에 가슴이 아려온다. 나는 이 작은 생명체가 겪고 있는 고통을 조심이라도 덜어주기 위해 가만히 두 손으로 눈을 가려주고 안정을 취할 수 있도록 한다. 이 방법이 도움이 될 것이라는 생각에 매번 해준다. 시간이 지나고 나서 호흡 소리를 들어보고 어느 정도 안정이 되었다고 생각이 되면, 포레의 몸을 닦아주고 다음에는 배뇨한 곳의 바닥 등을 청소한다. 이것이 내가 해줄 수 있는 전부이다.

레이와 이별하기 전까지만 해도, 항상 귀찮고 싫은 마음에 억지로 하던 일이었는데, 이제는 포레의 발작을 마주할 때마다 안타까운 마음에 자연스럽게 손이 간다. 심한 냄새가 나더라도 포레의 몸을 기꺼이 닦아주고, 주변을 하나하나 정리하며 진정으로 집사가 된 듯한 마음이 든다. 화장실이 아닌 곳에 배변을 해서 종종 코를 찌르는 냄새가 나 힘들 때도 있지만, 갓난아이가 배변한 것처럼 생각하며 치워낸다. 예전에는 포레의 소변 냄새가 내 몸에 밸까 피해 다니기만 했지만, 이제는 머리를 다정하게 쓰다듬고 따뜻하게 안아주는 친구가 되었다.

포레는 오직 머리와 턱 부근을 만지는 것만 허락하며, 그때는 눈을 살며시 감고 고개를 올리면서 좋아하는 표정을 짓기도 한다. 혹시나 다른 곳을 만지면, 곧바로 싫어하는 소리를 내고 질색하면서 멀리 달아난다. 이런 포레에게 내가 손을 내밀면, 가끔 조용히 머리를 들이밀며 기대는 그 순간, 나는 그가 나에게 마음을 열고 있다는 느낌을 받는다. 또한 사료와 간식을 너무나 좋아하는 포레의 식탐은 단순한 욕구가 아니라, 그가 살아가면서 찾아낸 작은 기쁨이라고 생각한다. 비록 포레의 건강 상태가 완벽하지 않더라도, 내가 그에게 해줄 수 있는 것들이 있다는 사실은 나에게 큰 위안이 된다.

포레는 우리 집의 작은 존재지만, 그 존재감은 결코 작지 않다. 그는 고양이로서 그리 뛰어나지 않은 인지능력을 가지고 있지만, 그의 세상은 나름의 규칙과 질서로 가득 차 있다. 포레는 집 안의 사물과 공간을 천천히, 마치 처음 보는 것처럼 탐구하기도 한다. 같은 자리를 몇 번이고 돌기도 하고, 쉼 없이 같은 곳을 왔다 갔다 하기도 하며, 익숙한 물건들을 유심히 바라보는 모습은 마치 그가 매일 새롭게 그 물건들과 반갑게 인사라도 나누는 것처럼 보인다. 때로는 장난감을 쫓다가 금세 흥미를 잃거나, 언제 쫓아왔는지 모르는 것처럼 다른 곳을 멍하니 바라보고 서 있기도 한다. 이런 포레의 모습을 보면서 나는 그가 세상을 어떻게 느끼며 이해하고 있는지 궁금해졌다.

이러한 포레의 느린 인지능력에도 불구하고, 그에게 단 하나의 확고한 반응을 이끌어 내는 특별한 신호가 있다. 바로 간식 봉투다. 평소에는 어딘가 멍하니 있거나, 자신의 작은 세상에 몰두해 있던 포레도 간식 봉투를 보는 순간만큼은 완전히 다른 고양이로 변한다. 간식 봉투를 손에 잡고 흔들어 보여주거나, 봉투가 손에 쥐어지는 소리, 그 살짝 부딪히는 비닐의 감촉만으로도 포레는 하고 있던 행동을 멈추고, 그 자리에 있던 모든 것을 잊고 나에게로 무조건 달려온다.

포레가 간식 봉투를 보고 달려오는 모습은 그 어떤 때보다도 빠르고 정확하다. 집 안 어디에 있든지 간에, 다른 고양이에 비해서 작은 귀를 가지고 있는데도, 간식 봉투의 소리를 감지하는 순간, 포레는 머뭇거림 없이 내게로 직진하여 달려든다. 다른 것에는 반응이 전혀 없거나, 느리게 반응하는 고양이에게서 이런 재빠른 움직임이 나온다는 것이 처음엔 믿기지 않았다. 하지만 이것이 바로 포레의 매력 중 하나다. 그 둔해 보이는 고양이가 마치 본능적으로 반응하는 것처럼, 언제나 정확히 간식 봉투의 위치를 파악하고, 신속히 찾아오는 모습은 우리 가족에게 큰 웃음을 준다.

간식 봉투를
간절한 눈빛으로
바라보는 포레

간식 봉투를 들고 있을 때, 포레는 오직 나와 그 봉투만을 바라본다. 그의 눈빛에는 간절함이 가득하고, 그 작은 몸은 기대감으로 잔뜩 부풀어 있다. 포레는 마치 이 순간만큼은 세상의 모든 것을 이해하고 있는 듯한 확신에 차 있다. 그의 이러한 집중력은 그가 평소에 보여주는 모습과는 전혀 다른 것이고, 그 간식에 대한 강렬한 욕구는 포레가 얼마나 단순하고도 진솔한 존재인지를 깨닫게 해준다. 그의 먹고자 하는 의지는 타의 추종을 불허하고, 어느 누구도 흉내 낼 수 없다.

다른 고양이들이 간식을 먹고 있는 동안에도, 포레는 결코 포기하지 않는다. 앞발을 내밀어 넣어 간식을 자신의 앞으로 더 가까이 끌어오려 애쓰며, 허공에 간절히 혀를 내밀기를 멈추지 않는다. 때로는 고개를 더욱 깊이 내밀어 그 맛있는 냄새를 조금이라도 더 가까이에서 맡으려 한다. 포레의 작은 몸짓 하나하나에서 간식을 향한 바람이 고스란히 느껴진다. 그에게 간식은 단순한 먹을거리가 아니다. 그것은 하나의 목표이자 승리이며, 하나의 행복이다.

다른 고양이들이 단순히 배가 고프거나, 간식을 즐기기 위해 그것을 먹었다면, 포레는 그 이상의 의미를 간식에 부여한다. 그의 먹는 열정은 타고난 것이다. 그것은 그가 세상과 맞서 싸우는 방식이며, 그가 자신의 존재를 증명하는 수단처럼 느껴진다.

포레의 간식을 향한 여정은 끝이 없다. 간식을 다 먹고 나면, 그는 언제나 새로운 간식을 찾으러 또 다른 길을 떠난다. 그 누구도 그의 집념을 막을 수 없다. 포레는 마치 끝없이 이어지는 간식의 세계를 탐험하듯, 다시 또 간식을 찾아 나선다.

나는 때때로 포레가 다른 모든 것을 잊고 그저 간식에만 집중하는 그 순간이, 그의 세상에서 가장 분명하고 확실한 시간일지도 모른다는 생각을 한다. 포레가 간식을 먹고 있을 때, 나는 그를 지켜보며 생각에 잠기곤 한다. 그는 복잡한 생각이나 고민 없이, 그저 눈앞에 있는 간식에만 몰두하는 그 단순함이 어쩌면 인간보다 더 지혜로운 것일지도 모른다는 생각이 든다. 포레는 그 작은 몸속에 담긴 단순함과 순수함으로 인해, 나에게 있어 큰 가르침을 주는 존재가 되고 있다. 복잡한 세상을 살아가면서, 때로는 나도 포레처럼 단순하게 눈앞에 주어진 작은 행복을 놓치지 않고, 온전히 느끼며 살아가고 싶다는 바람이 생긴다.

포레와 함께하면서 매일 반복되는 일상이지만, 간식 봉투를 들고 있으면 포레가 달려오는 그 순간만큼은 언제나 새롭다. 포레의 재빠른 움직임은 그가 얼마나 이 순간을 소중히 여기는지를 보여주고, 나도 그 모습을 통해 매일의 소소한 기쁨을 느낀다. 그는 나에게 있어서 삶의 단순함과 소박함에 대한 행복을 일깨워 주는 작은 선생님이다.

포레는 배가 부른 상태에서도 사료에 관심을 거두지 않는다. 사료통을 흔들거나 고양이 밥그릇에 사료를 놓아두는 소리가 나면, 어느새 알고서 나타나 천천히 다가온다. 그의 발걸음에는 간식과 다르게 여유가 넘쳐 난다. 집에는 간식보다 사료가 넉넉히 준비되어 있어, 마치 언제든지 먹을 수 있다는 사실을 이미 알고 있는 듯한 태도를 보인다.

그리고 나서, 다른 고양이들이 밥을 먹고 있는 모습을 한 발자국 정도 떨어진 곳에 배를 깔고 앉아서 조용히 지켜본다. 나이가 많은 보리 형과 누나인 돈나에게 먼저 먹으라고 배려하는 것처럼, 그의 양보 자세는 늘 한결같고 독특하다. 시간이 지나 보리와 돈나가 먹기를 멈추고 다른 곳으로 이동하면, 이젠 자신의 차례라고 생각하고 밥그릇으로 다가가 열심히 사료를 먹는다. 이 순간 포레의 눈은 한층 더 반짝이며, 집중력은 최고조에 달한다. 그는 다른 고양이들이 먹다 남긴 사료까지도 모두 먹어 치울 준비가 늘 되어 있다.

사료를 먹고 있는 포레

포레의 이런 모습에도 불구하고, 우리 가족은 포레의 식탐이 사랑스럽다. 이 작은 생명이 먹는 것에서 느끼는 기쁨이 얼마나 큰지, 그 작은 몸이 맛있는 간식과 사료를 얼마나 갈망하는지를 보며 늘 미소를 짓는다. 포레의 식탐은 단순한 욕심이 아니라, 이 작은 존재가 세상과 소통하는 한 방법일지도 모른다. 간식과 사료에 대한 끝없는 호기심과 욕망은 포레가 우리 가족에게 보내는 하나의 신호다. 그 신호는 나와 포레가 함께하는 삶의 소소한 즐거움이고, 두 존재가 서로의 일상 속에서 교감하면서 공존하는 방법 가운데 하나라는 생각이 든다.

포레는 마치 장애를 가진 사람과도 같은 존재이기에 나는 그를 불쌍하고 안타까운 시선으로 바라보곤 했다. 포레가 외톨이처럼 혼자서 생활하는 모습이 짠하게 느껴졌고, 우리 곁에서 어떻게든 적응하려 애쓰는 것처럼 보였다. 그러나 시간이 지날수록 나는 포레가 연민의 대상만이 아니라는 것을 깨닫게 되었다. 비록 그의 속마음을 다 헤아릴 수 없고, 그의 행동 하나하나에 숨은 의미를 완전히 알지 못하지만, 포레가 일상 속에서 살아가는 모습을 지켜보면, 단지 출생이 그를 그렇게 시작하게 했을 뿐이라는 생각이 들었다. 포레는 그 나름의 생각과 의지로 하루하루를 보내며, 자신만의 방식으로 삶을 살아가고 있음을 알 수 있다.

본인이 휴식하거나 잠을 잘 수 있는 공간을 스스로 만들어 놓았으며, 느리지만 분명하게 소리나 몸짓으로 싫어하는 의사를 표현한다. 또한 자신이 좋아하는 것을 알게 되면 망설임 없이 쏜살같이 달려오는 모습에서 그는 그 누구에게 의존하지 않고 스스로 아픔과 어려움을 이겨내려는 강한 의지가 있음을 확인할 수 있다.

포레는 자신의 처한 아픈 현실을 온몸으로 받아들이며, 그것과 함께 살아가야 한다는 것을 본능적으로 알고 있는 듯하다. 세상의 이치와 흐름에 순응하며, 그 안에서 자신의 자리를 찾아가는 그의 모습은 마치 세상사를 꿰뚫어 보는 지혜로운 존재처럼 느껴진다. 마치 어떤 저항도

하지 않고, 그저 자연스럽게 자신에게 주어진 상황을 받아들이는 듯, 그는 조용히 우리에게 순응과 수용의 의미를 일깨워 준다. 아픔을 안고 태어난 포레는 그 고통 속에서도 의연하게 삶을 이어가며, 누구보다 현명하게 세상을 살아가는 존재이다. 그는 이러한 모습을 통해 우리에게 삶의 어려움조차 담담하게 받아들이는 법을 알려준다.

보리와 돈나는 종종 서로에게 가벼운 몸싸움을 걸며 장난 어린 경쟁을 벌인다. 그때마다 그들은 화가 난 듯한 으르렁거리는 소리를 내기도 하며, 주도권을 쥐기 위해 서로의 다리를 내밀고 빠르게 반응하며 공격적인 모습을 보여준다. 이 순간, 그들의 움직임은 마치 작은 전투처럼 치열하면서도, 각자의 공간을 지키려는 본능적인 다툼을 보여준다. 그러나 포레는 다른 고양이에 비해 훨씬 신체적으로 약한 모습을 보인다. 그의 연약함은 단순히 겉으로 드러나는 힘의 부족만이 아니라, 그의 뇌가 신체와 완벽하게 소통하지 못하기에 그런 것이다. 그로 인해 포레는 다른 고양이들과의 놀이에서 방어 능력이 현저히 떨어진다. 그가 싸우거나 피하려는 의도조차 몸으로 옮기지 못하거나 느리게 반응하여, 다른 고양이들로부터 일방적으로 공격받는 모습을 보게 된다.

이런 광경을 보다 보면, 포레가 단순히 나약하고 생각이 없는 고양이라고 판단하게 된다. 그러나 몇 가지 행동을 자세히 들여다보면, 다른 고양이와 크게 다르지 않다는 것을 알 수 있다. 말을 하지 않지만, 그의 몸짓과 눈빛, 다리를 내미는 작은 행동에서 상대방이 무엇을 하고 있는지, 무엇을 하려고 하는지를 파악하고 있다는 것을 알 수 있다. 이러한 포레의 움직임들이 내게는 그 무엇보다도 소중한 메시지로 다가온다. 또한 내가 그의 상태를 완전히 이해하지 못해 답답함을 느낄 때마다, 포레는 마치 나에게 이해를 시키려는 듯 천천히 그러나 분명하게 자신의 마음을 표현하려 노력한다. 그의 작은 몸짓과 반응 하나하나가 나에게 의미를 전달하려는 포레의 진심처럼 느껴진다. 그 과정에서 포레와 나는 서로의 마음을 알아가는 법을 조금씩 배워간다.

이 작은 생명이 겪고 있는 고통이 끝나기를, 더는 아프지 않기를 간절히 바라면서도, 현실은 그렇지 않을 거라는 사실을 잘 알고 있다. 포레와 함께하는 시간 속에서 나는 많은 것을 배운다. 무엇보다도 가장 중요한 것은 '인내'이다. 포레는 인지능력이 낮아 여기저기 부딪히면서 다니기도 한다. 그의 서툰 걸음걸이, 쉬지 않고 계속 이곳저곳을 다니는 행동, 때때로 나를 바라보며 도움을 청하는 듯한 눈빛은 내게 큰 여운을 준다. 장난감이나 공을 쫓아가다 멈춰 서고, 소파에 올려주면 어느 곳으로 내려갈까 이리저리 움직이며 한동안 고민하는 모습과 불안한 착지 동작, 조금만 높아도 올라가지 못해 나를 바라보는 그의 눈빛 속에는 그 나름의 자존심도 엿보인다. 하지만 나는 그런 포레의 모습을 사랑하지 않을 수 없다. 그는 작은 몸으로도 세상을 탐험하려는 의지를 보여주고, 나에게 끊임없이 배려와 인내를 요구한다.

포레와 함께하는 하루하루는 나에게 중요한 교훈을 준다. 그의 존재는 모든 생명이 그 자체로 존중받아야 한다는 사실을 깨닫게 하며, 우리가 도울 수 있는 존재에게는 가능한 모든 것을 다해야 한다는 책임감을 일깨운다. 포레는 단순한 동물이 아닌, 나에게 사랑의 깊이를 가르쳐 주는 특별한 존재이다. 포레가 내 곁에 있을 때, 나는 그가 나에게 필요한 존재일 뿐만 아니라, 그가 내게 얼마나 큰 영향을 미치는지도 실감하게 된다. 특히 포레가 다리를 쭉 뻗고 편안히 잠든 모습은 나에게 진정한 평화를 선물한다. 그의 부드러운 숨소리와 고요한 자세 속에서 나는 그가 나에게 주는 사랑의 진정성을 느끼며, 그 사랑이 내게 얼마나 소중한지 깨닫는다.

오늘 하루도 무사히 지나가길 바라면서, 포레에게 매일 아침과 저녁에 약을 먹이는 것을 기억하는 것이 일상의 중요한 부분이 되었다. 처음에는 포레가 약을 먹기 싫어해서 어려움이 많았다. 고양이는 본래 입맛이 까다로운 동물로 알려져 있기에, 쓴 약은 더욱 피하고 싶어 하는 것 같았다. 하지만 포레의 건강을 위해서는 어쩔 수 없는 일이었다. 그래서 포레에게 약을 쉽게 먹이기 위해 여러 가

잠이 든 포레

지 방법을 시도해 보았다. 처음에는 포레가 좋아하는 간식에 약을 몰래 섞어주기도 했고, 주사기를 사용해 입안에 직접 약을 넣어주기도 했다. 포레가 간식을 워낙 좋아해서 간식에 섞어주면 쉽게 먹을 것이라 기대했지만, 잠시 먹다가도 곧 약의 존재를 눈치채고는 더 이상 먹지 않곤 했다. 이렇게 예민하게 약을 감지하는 포레를 보며, 간식을 이용하는 방법은 한계가 있음을 느꼈다.

그러던 중, 간식에 약을 섞어주는 것보다 더 나은 방법을 찾게 되었다. 바로 가루약을 캡슐에 넣어 먹이는 것이었다. 포레가 약의 쓴맛을 느끼지 않도록 작은 캡슐에 가루약을 넣어주면, 포레는 그저 캡슐을 삼키기만 하면 되었다. 이 방법은 처음에는 굉장히 효과적이었다. 약을 쉽게 먹일 수 있다는 안도감과 함께, 그동안 우리 가족이 겪었던 포레와의 실랑이도 크게 줄어들었다. 캡슐로 약을 먹이는 방식은 스트레스도 덜하고, 포레에게도 덜 고통스러운 선택처럼 느껴졌다. 그러나 약을 주는 일이 완전히 매끄럽지는 않았다. 막상 약을 먹이려고 할 때마다 포레는 혀를 내밀며 캡슐을 거부했고, 주저하는 발버둥 속에서 그의 눈빛을 마주할 때면 마음이 무거워졌다. 포레는 온몸으로 저항하며, 왜 자신에게 이런 일이 벌어지는지 모른 채 불편해하는 듯 보였다. 나는 이러한 모습을 볼 때마다 포레에 대한 미안함이 더 깊어졌다.

그럼에도 불구하고, 포레의 건강을 위해 이 과정을 반복해야 한다는 사실은 변함이 없었다. 그의 고통을 조금이나마 줄여주기 위해서는 반드시 필요한 일이었고, 그를 더 오래, 더 건강하게 지켜주기 위해서는 어쩔 수 없는 선택이었다. 결국 이것이 포레를 위한 최선의 방법이기에, 오늘도 가슴 한편에 미안함을 안고, 그가 조금씩 더 나아지기를 바라며 캡슐을 준비한다.

사실, 나는 포레의 입에 캡슐을 넣어 약을 먹이지 못한다. 그의 날카로운 이빨에 물릴 수 있다는 생각에 겁이 나서 그렇다. 그래서 약을 주는 일은 아내와 딸의 몫이 되었다. 대신에 나는 동물병원에서 약을 받아와 가루약을 캡슐에 넣는 일과 약을 먹여야 한다는 것을 기억해서 아내와 딸에게 이야기하는 역할을 충실히 하고 있다.

레이와의 이별은 내게 다른 고양이들이 어떤 모습을 하고 있든, 어떤 행동을 하든, 그저 그들이 존재하는 그대로를 사랑하고 이해할 수 있도록 했다. 즉 내가 함께 생활하고 있는 고양이 보리와 돈나 그리고 포레는 각자 자신만의 세계를 만들어 가고 있으며, 그들만의 고유한 아름다움과 존재의 가치를 가지고 있다는 사실을 알게 하였다. 또한 레이와의 헤어짐 속에서 사랑은 단순히 함께하는 시간이 아니라, 그 시간이 끝난 후에도 남아 있는 울림을 기억하고 그 사랑을 다른 이에게 전달하는 것임을 인식하게 되었다. 나는 이제 레이를 그리워하면서도, 다른 고양이들을 바라보며 미소를 짓고, 그들과 함께하는 날들에 감사하며 살아간다. 레이는 나에게 새로운 시작의 의미를 일깨워 주었고, 나에게 사랑하는 방법을 가르쳐 주었다.

이제 나는 자신만의 예술적 삶을 살다가 떠난 레이가 내 삶에 남긴 소중한 흔적을 간직하며, 앞으로도 그녀가 내게 준 사랑을 영원히 기억할 것이다. 레이는 단순히 내 옆에 존재했던 고양이가 아니라, 나의 예술적 영감이자 소중한 동반자였다. 레이는 내게 감동적이고 특별한 순간들을 선사했으며, 그녀의 삶 속에 담긴 신비로운 행동들은 놀라움과 경이로움을 안겨주었다. 그녀의 작은 몸짓 하나하나, 그 신뢰를 담은 눈빛과 부드러운 소리는 나에게 깊은 의미를 남겼다. 마치 그녀의 삶이 한 편의 예술 작품처럼, 독립적이면서도 동시에 나와 연결된 그 관계는 말로 다 표현할 수 없는 것이었다.

레이의 세계를 바라보며 나는 동물의 존재에 관한 더 큰 질문에 답을 찾을 수 있었다. 동물은 그저 인간의 반려자라는 역할에 머무르지 않는다. 그들은 각자의 방식으로 세상을 살아가며, 그들만의 이야기를 만들어 낸다. 그들의 삶 속에는 인간과는 또 다른 방식으로 세상을 생각하고 느끼며, 표현하는 세계가 담겨 있다. 우리는 그들의 이야기를 모두 이해할 수는 없지만, 그들이 남긴 흔적들은 우리에게 깊은 통찰과 많은 것을 가르쳐 준다.

레이와의 이별은 내 마음에 깊은 아픔과 상처를 남겼다. 그 슬픔은 마치 내 삶의 한 조각이 사라진 듯한 고통을 안겨주었지만, 그 속에서 나는 사랑이 가진 진정한 힘과 그 소중함을 배울 수 있었다. 그녀와의 관계는 나를 더 나은 존재로 성장하게 해주었고, 우리가 함께 나눈 순간들은 내 삶의 일부가 되어 내 안에 깊이 새겨졌다.

　레이가 내게 준 사랑은 내 삶 속에 영원히 빛나는 별이 되었고, 내 마음을 따뜻하게 감싸는 빛이 되었다. 그녀의 사랑은 내가 이 세상에서 가장 소중히 여기는 선물이 되었다.

　"너와 함께한 모든 순간이 참 소중했어. 너의 눈빛, 너의 온기, 너의 울음소리 그리고 너의 장난기.
　레이야, 네가 너무나 그리워. 정말 많이 보고 싶다…."

그림 민지 작가
고양이들의 시선, 캔버스 위에 유화(Oil on Canvas),
60.6×45.5cm (12호), 2018